D1731664

David Frogier de Ponlevoy ist in Worms aufgewachsen und hat in Marburg, Paris und Freiburg Geschichte und Politik studiert. Sein Volontariat machte er bei der Tageszeitung *Heilbronner Stimme.* Von da aus war es semantisch gesehen nur ein kleiner Sprung zum vietnamesischen Staatsradio *Stimme Vietnams,* für das er fünf Jahre lang Journalisten in Hanoi ausgebildet hat. Er folgte damit den Spuren seines Urgroßvaters, der 1886 nach Vietnam ausgewandert war und eine Vietnamesin geheiratet hatte. Derzeit arbeitet er in Vietnam als freier Journalist und Journalistentrainer sowie als Reiseführer für *Hanoi Kultour.* In seiner Freizeit spielt er auf Hanoier Bühnen Theater. Er bloggt über Vietnam auf www.ngungon.de

2. Auflage
© Conbook Medien GmbH, Meerbusch, 2013, 2014
Alle Rechte vorbehalten.

www.conbook-verlag.de
www.1-5-1.de

Projektleitung und Lektorat: Birgit Schmidt-Hurtienne
Einbandgestaltung: LNT Design, Köln
Druck und Verarbeitung: Himmer AG, Augsburg

Printed in Germany

ISBN 978-3-943176-42-1

Bildnachweis (genannt sind die Nummern der Momentaufnahmen):
Alle Bilder: **David Frogier de Ponlevoy** mit Ausnahme:
Jonas Koll: 15
Michela DuPasquier: 44
Michael Tatarski: 59
Marc Brunelle: 94
Elke Schwierz: 111
Marc Seidel: 122

VIETNAM

151

Portrait eines Landes in ständiger
Bewegung in 151 Momentaufnahmen

Momentaufnahmen

Vorwort

Wenn zehn Menschen aus demselben Land ihre Heimat in 151 Begriffen vorstellen sollten, würden am Ende vermutlich etwa 1.000 verschiedene Begriffe herauskommen. Insofern sagen die folgenden 151 Kapitel wohl genauso viel über mich aus wie über Vietnam: Es sind »meine« 151 Assoziationen. Einige sind im Laufe des Schreibens ausgetauscht, neu aufgenommen oder gestrichen worden. Wenn ein bestimmter Begriff, eine Person, eine Volksgruppe, eine Tradition hier nicht auftaucht, bedeutet das nicht, dass dies nicht wichtig gewesen wäre. Es bedeutet nur, dass der Autor eine Auswahl treffen musste.

Die folgenden Kapitel sollen möglichst viele Facetten von Vietnam zeigen und haben durchaus auch den Anspruch, das Land aus unterschiedlichen Blickwinkeln zu präsentieren, von Norden nach Süden, von der Stadt bis auf das Land, von Küste bis Berge, von Geschichte bis Gegenwart. Trotzdem ist mir bewusst, dass mein Blick selbstverständlich besonders durch das großstädtische Leben im nordvietnamesischen Hanoi geprägt ist, wo ich seit sechs Jahren lebe. Ich habe in vielen interessanten Gesprächen in den vergangenen Monaten versucht, diesen Fokus zu hinterfragen (und bin dabei teilweise auf spannende Unterschiede zwischen Stadt und Land, zwischen Nord und Süd gestoßen), es mag aber trotzdem sein, dass man dieses oder jenes in einigen Teilen des Landes ganz anders macht, als auf den folgenden Seiten beschrieben.

Das ist auch gut so. Vietnam ist widersprüchlich. Selbst einige der folgenden Kapitel sind widersprüchlich. Wer nach vietnamesischen Eigenheiten gefragt wird, sollte sich angewöhnen, sehr viel »einerseits«, »andererseits« und »Ja, aber...« zu sagen. Kultur, Gebräuche und Sitten sind niemals etwas in Stein gemeißeltes. Vietnam erlebt gerade eine rasante Veränderung von einer noch überwiegend ländlichen Gesellschaft in ein Zeitalter der lärmenden Großstädte und blinkenden Elektrogeräte. Gleichzeitig tauchen einige Bräuche und Feste wieder auf, die bereits verloren schienen. Über den Alltag der Landbevölkerung allein ließen sich wohl 151 Kapitel füllen, die sehr viel über Vietnam erklären würden. Die meisten ausländischen Gäste, egal ob sie nach Vietnam reisen oder dort arbeiten, werden jedoch überwiegend auf Städter treffen, auf Büroangestellte und die sich formierende Mittelschicht. (Andererseits haben nicht selten manche Städter gestern noch im Reisfeld gearbeitet.) Ich möchte Vietnam, seine Menschen und seine Besonderheiten vorstellen anhand von Anekdoten, amüsanten Begebenheiten und kleinen Geschichten. Die diversen Einzelfälle beinhalten einen hoffentlich für den Leser erhellenden oder weiterführenden Kern. Sie erheben aber niemals einen allgemeingültigen Anspruch.

Ich liebe Vietnam; das Land, seine Bewohner, seine Eigenheiten. Dem widerspricht nicht, dass ich mich über manche dieser Eigenheiten bis heute noch herrlich aufregen kann. Dabei sind wir Menschen bisweilen seltsame Wesen: Wir eifern uns wütend über Dinge in unserer Heimat, aber wenn ein Zugezogener dieselben Dinge kritisiert, fangen wir unwillkürlich an, sie energisch zu verteidigen. Ich ahne, dass selbst meine engen vietnamesischen Freunde an einigen Stellen des Buches die Stirn runzeln werden und den Widerspruch auf der Zunge haben. (Und vielleicht an anderer Stelle beklagen, ich sei nicht scharfzüngig genug.) Auch das ist gut so. Über ein Land, über Kultur, Gebräuche und Gewohnheiten sollte man streiten können. Wichtig ist mir, dass es mit Zuneigung und Humor geschieht. Ich hoffe, beides schimmert angemessen auf den folgenden Seiten durch.

David Frogier de Ponlevoy
Hanoi, Oktober 2012

Ich danke allen meinen vietnamesischen Freunden und Bekannten für lange Gespräche und tiefe Einsichten. Außerdem meinen beiden Kollegen Christian Oster und Ralf Dittko von Hanoi Kultour für ihre Ideen und Beiträge, Anemi Wick für ihre Hinweise zum Text, meiner Familie für ihre Unterstützung. Vor allem aber meinen Urgroßeltern, Henri und Nghĩa, mit denen alles angefangen hat.

Anmerkung zur Schreibweise: Vietnamesisch ist eine tonale Sprache, was in der Schrift durch diakritische Zeichen hervorgehoben wird (siehe auch Seite 96–99). Diese Zeichen werden im Folgenden bei vietnamesischen Begriffen und Namen verwendet. Eine Ausnahme gilt für Städte und Orte, die in ihrer eingedeutschten Form bekannt sind. Deswegen erhält Hồ Chí Minh die Sonderzeichen, Ho-Chi-Minh-Stadt jedoch nicht, und es ist von Hanoi die Rede, nicht von »Hà Nội«.

Lạc Long Quân
Ursprungsmythen

Der Vater aller Vietnamesen ist ein Drachenherr namens Lạc Long Quân, ein Held, der vor Tausenden von Jahren den Menschen zeigte, wie man Reis anbaut und sich kleidet (beides zugegeben keine Eigenschaften, die der moderne Mensch mit »Helden« verbindet), bevor er wieder im Meer verschwand. Als Vietnam kurz darauf von einem König aus dem Norden angegriffen wurde, riefen die Bewohner den Drachenherrn erneut um Hilfe. Dieser kam, entführte die Frau des Königs oder, je nach Version der Legende, dessen Tochter und zeugte mit ihr hundert Kinder.

Aus diesen hundert Kindern wurden die Vietnamesen. Fünfzig Kinder folgten Lạc Long Quân an die Küste, fünfzig andere folgten der Mutter in die Berge. Laut den Vietnamesen waren es jeweils fünfzig Söhne. In der Version der Mường, einem der vietnamesischen Minderheitsvölker, waren es fünfzig Töchter und fünfzig Söhne. Was deutlich sinnvoller klingt, denn wie sollen sich hundert Söhne bitteschön vermehren?

Spannend an dieser Ursprungslegende ist, dass sie in der Tat gleich einen ganzen Satz von Themen vereint, die Vietnam bis heute kennzeichnen: Ein Land, das sowohl durch seine Küste als auch seine Berge gekennzeichnet ist. Das Verhältnis von Mann und Frau. Drachen. Die Feinde, die aus dem Norden angreifen. Die verschiedenen Volksstämme des Landes. Und natürlich den Umgang mit Mythen, Aberglauben und Geschichte. Von allem soll auf den kommenden Seiten die Rede sein. Willkommen in Vietnam.

Küste und Berge. Die Halong-Bucht mit ihren aufragenden Karstfelsen vereinigt die beiden Elemente, die von Beginn an die vietnamesische Geschichte prägen.

Reis
Mehr als nur Grundnahrungsmittel

»Lieber nach Reis hungern, als satt von Gemüse sein«. »Wer drei Schüsseln Reis und drei Hemden besitzt, wird niemals hungern und niemals frieren.« Die vietnamesische Sprache ist voll von Sprichwörtern über den Reis, der nicht nur einfach Grundnahrungsmittel ist, sondern für den Großteil der vietnamesischen Bevölkerung schlicht Lebensinhalt.

Etwa 70 Prozent der Bevölkerung in Vietnam leben von der Landwirtschaft, und das heißt überwiegend: vom Reis. Das gesamte Land lebt und atmet den Rhythmus der Reisernte. Und zwar wörtlich, denn wenn die Bauern nach der Ernte das Reisstroh verbrennen, liegt selbst über den größten vietnamesischen Städten eine beißend rauchige Luft.

Das Verb »essen« heißt auf vietnamesisch »Reis essen«, und wo andere Völker einfach »Reis« sagen unterschieden die Vietnamesen zwischem dem Reis auf dem Feld *(lúa)*, dem Reis in der Hülse *(thóc)*, dem getrockneten Reis *(gạo)* und dem gekochten Reis auf dem Tisch *(cơm)*. Aus Reis werden Fladen, Nudeln, Gebäck, selbst der Nachtisch besteht aus Reis.

Eine italienische Bekannte kochte ihrer vietnamesischen Gastfamilie vor einigen Jahren ein aufwändiges Menü. Nach Vorspeise, Pasta und Fisch fragte der Familienvater schließlich neugierig: »Und wann kommt der Reis?«. Als kein Reis kam, kochte er sich selbst welchen. Ohne Reis ist für die meisten Vietnamesen ein Essen nicht vollständig.

Reis prägt das Land. Die nordvietnamesischen Berge sind von Reisterrassen durchzogen, die sich stufenförmig den Hang entlang sortieren.

Reisbauer
Stunden im Feld

Eine Bäuerin bei der Reisernte in der nordvietnamesischen Provinz Thai Nguyen. Die Ernte ist normalerweise Familienarbeit. Wer nicht genug Angehörige hat, muss auf Erntehelfer zurückgreifen.

Reis ist Arbeit. Harte Arbeit. Hoa arbeitet jeden Tag zehn Stunden im Reisfeld. Sieben Tage die Woche. Zunächst muss die Saat in den Schlamm. Man kann sie einzeln setzen, was exakt ist, aber Rücken und Knochen belastet. Man kann sie auch werfen, das ist weniger präzise und erschwert später die Pflege. Auch wenn es bei Hoa so wirkt, als werfe sie jedes Mal einen Dartpfeil gezielt in die Mitte der Scheibe. Hoa hat Übung. Sie macht das seit ihrer Kindheit.

In den kommenden Wochen wird der Reis überprüft. Täglich der Gang ins Feld. Schnecken einsammeln. Halme wieder festsetzen. Düngen. Prüfen. Bis irgendwann geerntet werden kann. Für ihre zwei Hektar braucht Hoa fünf Tage. Oder sie stellt Tageshelfer ein – doch die kosten Geld. Eine große Familie wäre jetzt im Vorteil, aber Hoas erster Sohn ist bei einem Motorradunfall gestorben, der andere sitzt wegen Drogenkriminalität im Gefängnis. Hoa hat nur ihre Schwiegertochter.

Dann muss der Reis trocknen. 500 Kilogramm Reis liegen pro Ernte auf dem Hof. 500 Kilo, die in die Sonne gewuchtet und schnell wieder eingesammelt werden müssen, wenn es regnet. Nach dem Trocknen, Schälen und Mahlen werden nur 350 Kilogramm weißer Reis übrig bleiben. Auch das Mahlen kostet Geld.

Hoa nutzt den Reis für sich und ihren Hof. Die Familie isst Reis. Die Hühner und Enten bekommen Reis, dafür legen sie Eier. Die Schweine bekommen Reis, dafür kann man sie später verkaufen. Der Hund frisst Reis. Die Katzen auch. Nur der Büffel ernährt sich vom Gras rund um das Reisfeld.

Wenn sie genug übrig hat, kann Hoa den Reis auch verkaufen. Für ein Kilogramm bekommt sie 7.000 Đồng. Das sind umgerechnet 25 Cent. Damit könnte sie sich in Hanoi keine Suppe an der Straße leisten. Mit ihren gesamten beiden Ernten im Jahr könnte Hoa knapp 300 Euro verdienen. Aber dann hätten weder Hund, Schweine, Enten oder Familie zu essen. Meistens verkauft Hoa nichts. Wenn der Elektriker das Stromkabel reparieren muss, bekommt er als Lohn einen kleinen Sack Reis.

Tragestange
Lastenhilfe, Landessymbol und lukrativer Nepp

Die Vietnamesen beschreiben ihr Land gerne als Tragestange, an der zwei
Reiskörbe hängen: Das schmale Mittelvietnam, in dem zwischen Grenze und Meer
bisweilen nur wenige Dutzend Kilometer liegen, ist die Stange. Die fruchtbaren
Regionen im Mekongdelta und im Delta des Roten Flusses sind die Reiskörbe.

Die Stange ist ein sehr praktisches Werk-
zeug, um schwere Lasten zu tragen. Sie
war früher Alltagsgegenstand der Bauern
und ist heute noch immer in den Städten zu
sehen, vor allem bei Händlerinnen oder auf
Baustellen. Traditionell bestand sie immer
aus Bambus. Wobei strikte abergläubische
Regeln besagten, dass eine gerade Anzahl
von Bambusknoten Unglück bringt. Vereinzelt sind heute auch Tragestangen aus anderen Materialien zu sehen. Aus Gründen
der Balance funktioniert die Stange nur mit
zwei Körben, was diverse Vergleiche her-
vorrief: die Stange als Symbol für den Bund
der Ehe. Oder die beiden Körbe als Symbol
der Last zweier Familien, die eine Frau schultern muss – die ihrer eigenen und die ihres
Mannes.

Heute wird die Tragestange in den Großstädten immer mehr unfreiwilliges Symbol
für eine ganz andere Last: die lästige Neppe-
rei der Touristen. Findige Frauen haben längst
erkannt, dass Stange und Hut Vietnam
schlechthin repräsentieren und stülpen ver-
dutzten Touristen beides über. Was eine nette
Geste und ein lustiges Fotomotiv wäre, wenn
die Händlerinnen dafür nicht anschließend
gepfefferte Preise einforderten. Vietnamesische Journalisten haben herausgefunden, dass
einige dieser Frauen ihre Waren gar nicht
mehr verkaufen – sie mitsamt der Stange auf
Touristenschultern zu hieven und dafür abzu-
kassieren, ist deutlich lukrativer.

Motorroller
Mit dem Strom fahren

Wer genau herausfinden möchte, wie viele Motorroller sich auf den Straßen des Landes befinden, stößt auf Probleme. Es stellt sich heraus, dass Ministerien, Organisationen und Verbände teilweise unterschiedliche Zahlen haben. »Auf die paar Millionen mehr oder weniger kommt es eh nicht an«, scheint die Botschaft.

Vietnam hat etwa 40 Millionen Motorroller. Vermutlich. Das sind mehr als doppelt so viele Zweiräder, wie die Niederlande Einwohner haben. In den armen, ländlichen Regionen kann sich zwar nicht jeder einen Motorroller leisten – aber selbst hier gibt es erstaunlich viele. Man muss schon in sehr abgelegene Gebirgsregionen vordringen, um Bewohner zu finden, die überwiegend laufen und nicht fahren.

Ohne Motorräder wären die Verkehrssysteme in den großen Metropolen schon längst kollabiert. Also ständig und nicht nur zeitweise. Die wendigen, relativ platzsparenden Fahrzeuge, die notfalls auch auf den Bürgersteig ausweichen, lassen deutlich mehr Fluss für den Verkehr als Autos. Als solch ein »Notfall« gilt übrigens jeder Fall bei dem es der Fahrer aus irgendeinem Grund eilig zu haben glaubt und der Verkehr vor ihm zu langsam ist. Vietnam ist kein Ort für Fußgänger.

Motorroller zu fahren ist einfach: Man schwimmt mit dem Strom. Der Strom ist, wie sich herausstellt, langsamer und geordneter als es den Anschein hat. Anfänger können gut darin fahren. Manche biegen anfangs nicht ab, wenn gerade niemand anders abbiegen will. Das ist sicherer.

Im Gegenzug schaffen Motorroller auch Staus, die es ohne sie nicht geben würde. Das liegt daran, dass die Fahrer prinzipiell der Meinung sind, sie passen noch durch »die Lücke da vorne«. Dann stehen schnell Hunderte Motorräder auf einer Kreuzung und hupen, und niemand kommt an niemandem vorbei. Wer einmal in seinem Leben das perfekte Chaos erleben will (inklusive Geräusch- und Abgaskulisse), der muss nach Vietnam kommen.

Drache
Erhabenes Symbol der Macht

Der Drache ist in zahlreichen asiatischen Gesellschaften ein Symbol für Herrschaft, König und Macht. Die Vietnamesen nehmen darüber hinaus von sich in Anspruch, von einem Drachengeschlecht abzustammen. Außerdem trug ihre Hauptstadt über Jahrhunderte hinweg den Namen Thăng Long, »aufsteigender Drache«. Hà Nội heißt der Ort erst seit Anfang des 19. Jahrhunderts. Das wiederum sorgte vor der Tausendjahrfeier von Hanoi 2010 für Diskussionen. Einige Vietnamesen sprachen sich dafür aus, zum ehrenvollen, alten Titel zurückzugehen. Andere erklärten, man könne unmöglich den mittlerweile durch die Revolution weltweit bekannten Namen Hanoi abschaffen. Am Ende wurden »1.000 Jahre Thăng-Long-Hà-Nội« gefeiert. Seinen Ursprung hat der Name Thăng Long in einer Legende, derzufolge der König bei der Wahl des Standortes für seinen Palast einen aufsteigenden Drachen sah. Ein gutes Omen.

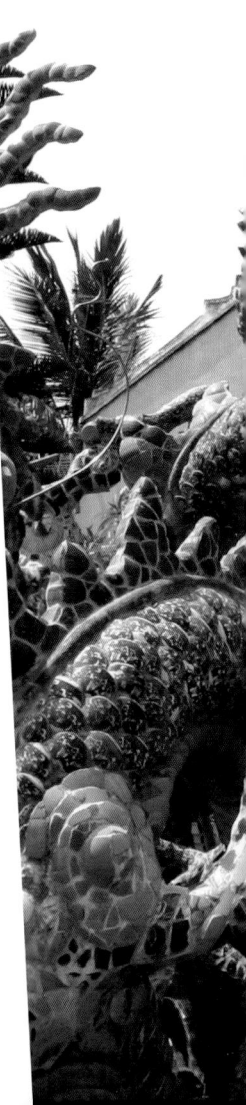

Denn der Drache ist durch und durch gut. Kein Biest, das Jungfrauen entführt und Ritter röstet. Konsequenterweise nennen manche Vietnamesen die westlichen Drachen aus Kunst und Kino auch nicht »Drache«, sondern benutzen den Begriff »Monster«. Der asiatische Drache ist viel zu erhaben, um in den Schmutz gezogen und getötet zu werden. So erhaben, dass jedem im Jahr des Drachen geborenen Kind eine glorreiche Zukunft bevorsteht.

Das sorgt in Jahren des Drachen für angekündigtes Chaos. In den Kreißsälen herrscht Hektik, die Gynäkologie-Abteilungen sind überfüllt. Paare versuchen absichtlich, die Geburt ihres Kindes in den zwölf Mondmonaten des Drachenjahres stattfinden zu lassen. 2012 führte das bereits in den ersten Tagen nach Neujahr (siehe Seite 86) zu einem Anstieg der Geburten um ein Drittel. Für alle Hebammen wurde der Neujahrsurlaub komplett gestrichen. Die Folge: Alle diese Kinder werden später mit überfüllten Kindergärten und Schulklassen zu kämpfen haben und sich auf dem Arbeitsmarkt gegen ihre Altersgenossen des besonders geburtenstarken Jahrgangs durchsetzen müssen. Da braucht es sicherlich die ganze Macht und Kraft von Drachen, um sich die versprochene glorreiche Zukunft zu sichern.

Bunter Drachenkopf aus Mosaiksteinen in einem Hof der Küstenstadt Hoi An.

Wasserbüffel
Der beste Freund des Menschen

Es ist wichtig, mit Wasserbüffeln viel Gassi zu gehen. Büffel brauchen Auslauf, um zu fressen zum Beispiel. Wenn Sie eine Frau oder einen Mann unterwegs mit ihrem Büffel sehen, dann sind diese möglicherweise nicht auf dem Weg zur Arbeit, sondern der Weg ist das Ziel. Für den Büffel.

Das ist auch der Grund, warum man so häufig Wasserbüffel in Begleitung von Kindern sieht. Die Eltern können es sich nicht leisten, Büffelgassi zu machen, also schicken sie die Kinder los. Der kleine, auf dem Büffel reitende Junge ist kein Klischee, er erfüllt sozusagen eine Familienpflicht. Viele Kinder machen das sehr gerne: Der Wasserbüffel ist der beste Freund der Familie.

Unabdingbar ist der Büffel für die Feldarbeit. Noch immer wird das Feld vor allem mithilfe des Büffels umgepflügt. Wasserbüffel bekommen einfache Befehle gelehrt, wie »links« oder »geradeaus«. Jugendliche, die auf dem Land leben, besitzen zwar kein Motorrad, dafür können sie im Normalfall Büffel steuern. Hinzuzufügen wäre, dass die Büffel nicht nur den Worten folgen, sondern auch der Tatsache, dass der Befehl durch einen Zug am Strick durch den Ring in der Nase verstärkt wird.

Touristen müssen keine Angst vor Büffeln haben. Vietnamesische Hauswasserbüffel sind Menschen gewohnt. Sie können beim Ausweichen eine verblüffende Eleganz zeigen. Immer häufiger sieht man mittlerweile auf den Feldern im Hintergrund der Büffel auch einen Traktor fahren. Der kleine Traktor ist effizienter, allerdings auch teurer. Alleine kann sich keine Bauernfamilie einen Traktor leisten. Sie mietet ihn gegen Geld von Menschen, die Traktoren verleihen.

Der Nachteil eines solchen Traktors ist allerdings: Man kann mit ihm nicht spazieren gehen und auf seinem Rücken reiten kann man schon gar nicht.

Kakerlake
Sehr verbreitet, sehr sozial

Es gibt sehr viele Wasserbüffel in Vietnam. Sie begegnen einem überall, sie sind sozusagen das Symboltier des Landes. Noch deutlich häufiger allerdings trifft man auf Kakerlaken.

Kakerlaken sind nachtaktiv. Es heißt, wenn eine Kakerlake über den Küchenboden krabbelt, ist eine ganze Horde im Haus. Was die Frage aufwirft, wie viele Kakerlaken in einer Gasse leben, wenn dort eine ganze Horde über den Weg krabbelt, wenn Dutzende Tiere Wände hochklettern und sich über den Haufen schubsen.

Ein Freund von mir in Hanoi bekam von deutschen Touristen eine empörte Kündigung seines untervermieteten Zimmers, weil das Zimmer »kakerlakeninfiziert!« sei. In einem Land, wo einen beim Öffnen des Schlafzimmerfensters im elften Stock auf dem Fenstersims eine Kakerlake anlächeln kann, ist das eine sehr lustige Beschwerde.

Wenn es in der Tiefgarage zwischen den Motorrädern raschelt, könnte es eine kleine Ratte sein oder eine große Kakerlake. Kakerlaken in Vietnam werden sehr groß. Handtellergroß. Der Vorteil daran ist, dass man sie leichter erwischt. Zwei im Koffer nach Deutschland mitgereiste Kakerlaken hatten tatsächlich Schwierigkeiten, unter ein deutsches Bücherregal zu schlüpfen.

Ich habe mittlerweile erfahren, dass Kakerlaken wissenschaftlich gesehen sehr faszinierende Tiere sind. Sie sind offenbar sehr sozial und beraten gewissermaßen demokratisch darüber, wo sie zusammen schlafen. Beim Schlafen regulieren sie Luftfeuchtigkeit und Temperatur in ihrem Versteck, indem sie sich aneinanderkuscheln. Einmal schlief eine offenbar von der demokratischen Kakerlakengemeinschaft ausgeschlossene Kakerlake in meinem Turnschuh. Ich bemerkte sie erst, als ich den Fuß hineinsteckte und das Tier bei der verzweifelten Suche nach dem Ausgang mein Hosenbein hinauflief.

Ich gebe ehrlich zu, es wäre mir deutlich lieber gewesen, wenn ein Wasserbüffel den Schuh gefressen hätte.

Diese Kakerlake wird im nächsten Moment unter der Ritze verschwinden. Schon allein, weil sie das Sonnenlicht nicht mag.

Norden und Süden
Ansichtssache

Die Leute im Süden sind unzivilisert. Sie denken nur an Geld, sind oberflächlich, feiersüchtig und kulturlos. Sagt man in Hanoi, wo man sich für das eigentliche politisch-kulturelle Zentrum Vietnams hält. Die da im Norden sind unzivilisert. Sie sind verknöchert, weltfremd, ahnungslose Bauern und hochnäsige Gelehrte. Sie laufen in schlabbriger Kleidung herum und benehmen sich im Verkehr wie Sau. Sagt man im Süden, wo man sich für das wirtschaftlich-moderne Zentrum hält, ohne das Vietnam heute nicht da wäre, wo es ist.

Nun hat der Norden unbestreitbar seine jahrhundertealte Geschichte und war schon »Vietnam«, als das Mekongdelta noch Sumpf war und kein Ballungsraum. Umgekehrt ist auch richtig, dass dieser Ballungsraum heute pulsiert und seine Bewohner auf Besucher offen, modern und freundlich wirken. Die Menschen in Ho-Chi-Minh-Stadt scheinen leichter zugänglich. Sie stimmen also, die Vorurteile. Irgendwie. Ein bisschen.

    Was sagt uns das? Viel und gar nichts. Selbstverständlich ließe sich herleiten, dass das Klima im Süden einen offeneren Menschenschlag hervorbringt und seltenere Ernten im

Im Norden regieren Politik und Kultur, im Süden das Geld. Soweit das Klischee. Tatsächlich wirkt Ho-Chi-Minh-Stadt auf den Besucher etwas moderner, Hanoi (rechts) besticht im Gegenzug durch schmale, alte Straßen.

Norden den Dorfzusammenhalt stärken. Ebenso könnte man anführen, dass der Norden stärker chinesisch beeinflusst ist, der Süden hingegen eine Mischung aus vietnamesischen Siedlern und diversen südostasiatischen Volksstämmen. Solche und vielerlei mehr Erklärungen für Unterschiede gibt es – manche davon sind auch sich selbst bestätigende Mythen.

Es wäre übrigens ein Irrtum, die Wurzeln dieser Unterschiede im Krieg zu suchen. Sie existieren bereits viel länger. Während des Krieges und der Nachkriegszeit wurden die Unterschiede aber stellenweise künstlich aufgebauscht oder existierende Unterschiede übertüncht, je nach politischer Agenda. Am Ende bleibt es Ansichtssache: Sind Münchner und Hamburger verschieden? Ja. Nein. Vielleicht.

Norden und Süden sind sich übrigens einig, dass die Menschen in Mittelvietnam ein ganz seltsamer Schlag sind: bäuerlich, geizig, dickköpfig und schwer zu verstehen. Eigentlich vor allem dann zu gebrauchen, wenn mal wieder Invasoren ins Land kommen, Chinesen oder fremde Völker aus fernen Ländern. Dann ist man den Mittelvietnamesen dankbar, weil sie mit ihrer hartgesottenen, wetterfesten Natur besonders zäh Widerstand leisten. Unzählige Größen aus der vietnamesischen Geschichte stammen aus Mittelvietnam, darunter übrigens auch Hồ Chí Minh.

Weniger klar ist, wo dieses Mittelvietnam eigentlich genau liegt. Was für die Menschen im Süden Mittelvietnam ist, würden die Nordvietnamesen als Süden bezeichnen. Umgekehrt gehört das, was jene im Norden als Mittelvietnam bezeichnen, für die Südvietnamesen schon zum Norden. Übrig bleibt eine sehr kleine Schnittmenge, rund um die Städte Hue und Danang. Es ist offenbar einfacher, Vorurteile über Personen zu bilden, die man zumindest ein wenig kennt.

Konfuzius
Lobeshymnen für Beamte

»Ein Mensch, der seinen Vater respektvoll behandelt, respektiert auch seinen König«. Diese Idee brachte König Lê Thánh Tông 1460 dazu, Vietnam radikal zu verwandeln. Der Konfuzianismus wurde Staatsdoktrin, die Beamten bekamen die Macht, die bisherige Elite aus buddhistischen Gelehrten und Armeegenerälen wurde an die Seite gedrängt.

Konfuzius' Ideen waren da schon 2.000 Jahre alt und seit der Zeit der chinesischen Besatzung in Vietnam bekannt. Das Werk des Philosophen und Denkers ist kaum überschaubar, aber jene Prinzipien, die gemeinhin als »Konfuzianismus« beschrieben werden, umfassen eine feste Hierarchie in Familie und Gesellschaft, den unerschütterlichen Wert der Loyalität und das Ideal der Bildung.

Konsequenterweise wurden in der Lê-Dynastie fortan Menschen für Vergehen in der Familie ähnlich hart bestraft, wie für Staatsverrat. Strafen waren unter anderem für Kinder vorgesehen, die ihre Eltern beschimpften. Oder für Frauen, die ihren Ehemann schlugen. 1676 wurde ein Beamter aus dem Dienst entlassen, weil er zur Arbeit kam, anstatt um seine Eltern zu trauern. Konfuzianische Gelehrte prägten bis ins 20. Jahrhundert den politischen, kulturellen und moralischen Diskurs in Vietnam. Mit ihnen entstand eine Herrschaft der Bürokraten. Im 15. Jahrhundert wurden Gedichte und Lobeshymnen über Beamte geschrieben. Bis heute heißt es, Lê Thánh Tông habe ein goldenes Zeitalter eingeläutet.

Die Chinesen allerdings erkannten ihren Konfuzianismus in Vietnam nicht ganz wieder. Unter bestimmten Umständen waren sogar Scheidungen erlaubt oder der Auszug der Kinder aus dem Elternhaus. Frauen waren Händler und machten Geschäfte. Alles weit vom klassischen Konfuzius entfernt. Ein chinesischer Besucher notierte noch im 19. Jahrhundert irritiert: »Frauen laufen in Vietnam frei herum, ohne den Kontakt mit Männern zu vermeiden.«

Die Konfuzius-Statue im Hanoier Literaturtempel, dem wichtigsten Konfuzius-Heiligtum des Landes.

Eltern
Du sollst Vater und Mutter ehren

Vietnamesische Kinder haben gehorsam zu sein. Mehr als das. Es gibt einen eigenen Begriff für die Verpflichtung der Kinder gegenüber den Eltern, der sich nur grob mit »Tugend« oder »Pflichtgefühl« übersetzen lässt. Kinder haben dankbar zu sein, dass sie auf der Welt sind. Dementsprechend entscheiden auch die Eltern in allen Belangen. Die Idee, dass auch die Eltern dankbar sein könnten für die Freude, die sie durch ihre Kinder empfinden, ist den meisten Vietnamesen eher fremd. Sie würden es zumindest so nicht ausdrücken.

Vietnamesische Eltern entscheiden, was das Kind studiert, wen das Kind heiratet und ob das Kind ein gutes Kind ist. Das mag im Einzelfall heute weniger streng sein als früher, denn Kinder dürfen sich mittlerweile sehr wohl ihre eigenen Ehepartner suchen. Einen Partner *gegen* den Willen der Eltern zu heiraten, ist aber zumindest eine Herausforderung.

Vietnamesische Romane und Geschichten haben in den vergangenen Jahrhunderten manche solcher Fälle mit großer Tragik beschrieben, bis hin zu Mord und Selbstmord. Moralisch recht haben normalerweise die Eltern. Das gilt bis heute. Die Realität ist freilich etwas subtiler: Eine 28-jährige junge Geschäftsfrau erzählte mir, dass sie das Wochenende bei ihrer Tante verbracht habe. Ein sehr anstrengendes Wochenende, denn die Tante wohnt an der Hauptstraße, hat wenig Platz, ein unbequemes Bett, und es gab für die junge Frau nichts zu tun. Sie tat es trotzdem. Ihre Eltern wollten es so, denn: Die Tante langweile sich, ihre eigenen Kinder seien verreist. Das reichte als Grund.

Auch das hört man häufiger: Vietnamesische Eltern langweilen sich ohne ihre Kinder. Eine andere Kollegin erzählte von befreundeten Eltern, die zum ersten Mal ohne ihre Tochter an den Strand gefahren seien. Daraufhin bekam die Tochter jeden Tag Anrufe und SMS, wie langweilig es hier sei. Sie wüssten nicht, was sie tun sollten. Die Tochter war, wohlgemerkt, 25 Jahre.

»Vietnamesische Eltern sind unselbstständig«, kommentierte eine andere Kollegin die Geschichte. Das klingt ein wenig despektierlich und nicht gerade nach kindlicher Tugend, aber es trifft wohl trotzdem.

Bruder, Tante, Großvater
In Vietnam sind alle eine Familie

Es gibt in der vietnamesischen Sprache kein »ich« und kein »du«. Die Anrede erfolgt stattdessen in Form von Familienbezeichnungen: »Onkel, kannst du Neffe sagen, wie spät es ist?« Das ist einer der Gründe, warum viele Ausländer beim Vietnamesisch lernen in den ersten Wochen so verzweifeln. Zu den üblichen Anfängervokabeln »schlafen« oder »essen« müssen sie gleich noch einen kompletten Satz Verwandtschaftsbeziehungen lernen.

Und natürlich stellt sich die Frage: Was mache ich denn, wenn der Mensch im Restaurant nun dummerweise nicht mein Bruder oder mein Onkel ist? Dann tut man so. Die Person gegenüber wird an die Stelle gesetzt, die sie aufgrund ihres Alters in der Familie einnehmen würde: »Kleiner Bruder, bring großer Schwester die Rechnung, bitte!« Um das Ganze noch schwieriger zu machen, spielt auch der Status noch eine Rolle. Taxifahrer und Kellner reden den Kunden auch dann mit »älterer Bruder« an, wenn der Kunde eigentlich etwas jünger ist. Das kann dazu führen, dass sich beide gegenseitig höflich mit »älterer Bruder« ansprechen.

Da sind wir schon beim nächsten Problem: Wie alt ist denn das Gegenüber eigentlich? Das ist gerade für Europäer nicht immer ganz einfach zu schätzen. Die Standardfrage »Wie alt bist du?« gehört deswegen zu jedem Gesprächseinstieg, auch bei Vietnamesen. Bevor man nicht genau weiß, ob ein Gegenüber jünger ist, bietet sich aus Höflichkeitsgründen die ältere Anrede an. Es sei denn, das Gegenüber ist eine Frau. Die sind auch in Vietnam meist dankbar dafür, wenn man sie in der Anrede nicht ganz so alt macht. Eine Wissenschaft für sich also. Wenn Ausländer verwirrt stottern, liegt das nicht immer daran, dass sie schlecht Vietnamesisch können. Vielleicht überlegen sie auch einfach nur gerade fieberhaft, ob vor ihnen eine Tante oder eine Großmutter steht.

Problem für Vietnamesisch lernende Ausländer:
Wie spricht man die Frau jetzt korrekt an?
Schwester? Tante? Großmutter? Ist sie älter als
ihre Gäste oder jünger?

Schwanenboot
Es ist schwer, zu zweit zu sein

Jungverliebte Paare haben es in Vietnam nicht einfach. Wer sich gerne in trauter Zweisamkeit treffen möchte, stellt schnell fest, dass es so etwas gar nicht gibt. Wo treffen, wenn überall noch mindestens ein oder zwei andere Personen sind? Zu Hause? Unmöglich vor der Heirat! Spaziergang im Park? Schon eher möglich, nur: Alleine ist man dort auch nicht.

Es gibt deshalb zwei Treffpunkte, die in Ermangelung anderer Möglichkeiten besonders gerne genutzt werden. Der erste ist der Motorroller. Auf dem Motorroller kann man sehr schön zu zweit sitzen, man kann sich bei der Fahrt sogar umarmen (irgendwo muss sich der Beifahrer ja festhalten). Die alternative Variante besteht darin, den Roller irgendwo zu parken, um nebeneinander zu sitzen. Dann kann das Pärchen zum Beispiel gemeinsam auf den See hinausschauen. Dabei scheint für viele solcher Paare zu gelten: Wenn wir die anderen Leute nicht sehen, weil wir gerade auf den See schauen, dann sehen sie uns auch nicht. Wir sind also allein.

Die zweite Option ist das Tretboot. Tretboot fahren heißt auf Vietnamesisch »Ente treten«. Das hat damit zu tun, dass die Tretboote alle die Form von Schwänen haben. Es sind eindeutig Schwäne. Sie heißen trotzdem Enten. Eine Ente zu treten hat also nichts mit Tierquälerei zu tun, sondern ist eine höchst romantische Form der gemeinsamen Unternehmung. Das Schwanenboot hat den Vorteil, dass man damit weit auf den See hinausfahren kann. Dort draußen ist das Pärchen etwas unbeobachteter. Ein weiterer Vorteil besteht darin, dass der Schwan zwei Personen verlangt. Alleine lässt er sich schlecht steuern, und drei passen nicht rein. Der Schwan zwingt also geradezu zur Zweisamkeit. Weit weg von allen Zuschauern – wie zum Beispiel den anderen Pärchen auf den Motorrollern, die rings um den See parken.

Das Problem ist, dass dieser Effekt sich deutlich verringert, wenn man schließlich umgeben ist von Dutzenden weiterer Paare in Schwänen, die ebenfalls gerne etwas für sich sein wollen. Es bleibt also dabei: Es ist schwer, zu zweit allein zu sein.

Ist eindeutig ein Schwan, heißt aber trotzdem »Ente treten«. Schwanenboote auf dem See des Hanoier »Vereinigungsparks« (der früher mal Leninpark hieß).

Hai Bà Trưng
Frauen als Nationalheilige

Aus Sicht des Hofs von Peking war Vietnam sehr weit weg. Noch vor Christi Geburt war das vietnamesische Gebiet unter die Herrschaft Chinas gefallen, aber »Herrschaft« war anfangs relativ. Einige Soldatenstationen, etwas Verwaltung, ein Gouverneur. Die neue Südprovinz war unbeliebt. Es gab schwüles Wetter, Dschungelkrankheiten und (aus Sicht der Chinesen) haufenweise Barbaren. Wer als Gouverneur gut regierte, wurde schnell wieder nach Peking gerufen, für höhere Aufgaben. Es blieben die schlechten Verwalter.

Aus chinesischen Akten wissen wir heute, dass es ein ganz besonders habgieriger Gouverneur war, der wohl dazu beitrug, dass etwa um das Jahr 40 nach Christus ein Aufstand losbrach, der bis heute Legende ist: Die beiden Trung-Schwestern stellten sich an die Spitze einer Revolte. Der Aufstand scheiterte, aber die Trung-Schwestern gelten bis heute als Nationalheilige. Hai Bà Trưng ist ein Straßenname, der sich in zahlreichen vietnamesischen Städten findet, wörtlich übersetzt: die zwei Frauen Trung.

Dass es ausgerechnet Frauen waren, sagt etwas über die Stellung der Frau in der vietnamesischen Gesellschaft vor der Zeit der chinesischen Besatzung aus. Spätere Chronisten versuchten die Tatsache mit der Geschichte zu erklären, einer der Ehemänner sei angeblich von Chinesen getötet worden.

Die Trung-Schwestern sind heute das Sinnbild für vietnamesischen Nationalpatriotismus. Allerdings ist schwer zu sagen, welche Gründe zum Aufstand führten, ob es persönliche waren oder politische oder wirtschaftliche. Die ersten vietnamesischen Aufzeichnungen über die Trung-Schwestern folgten erst Jahrhunderte später.

Die Chinesen jedenfalls sollten noch 900 weitere Jahre im Land bleiben. Seine Unabhängigkeit errang Vietnam erst wieder 938. China konnte die »Südprovinz« schließlich gegen immer weitere Aufstände nicht halten. Dazu war sie auch einfach zu weit weg.

Die Trung-Schwestern werden gerne auf Elefanten reitend dargestellt. Trotz ihrer Berühmtheit gibt es erstaunlich wenige Abbildungen oder Statuen der beiden Nationalheiligen. Elefanten allein gibt es deutlich häufiger. Dieser hier bewacht ein Kaisergrab in Hue.

China
Großer Bruder, geliebter Erzfeind

»Das ist doch normal«, sage ich. »Ein großes, mächtiges Nachbarland und ein kleineres Land. Da ist immer Misstrauen. Da hat das kleinere Land schnell Angst ...«. Weiter komme ich nicht. »Wir haben keine Angst vor China«, erwidert meine Vietnamesischlehrerin. Ihr Mund wird schmal und ihr Blick entschlossen. »Keine Angst!«

China hat Vietnam rund tausend Jahre lang besetzt. Das prägt. Kulturell, politisch, gesellschaftlich. Die vietnamesische Sprache ist durchsetzt mit chinesischen Lehnwörtern. Gleichzeitig kam durch diese Erfahrung ein immenser Drang zur Selbstständigkeit. Vietnamesische Geschichtsschreiber haben jahrhundertelang alle Kräfte darauf verwendet, zu erklären, warum Vietnam ganz anders ist als China. Anders, eigen und unabhängig.

China hat Vietnam in den großen Kriegen des 20. Jahrhunderts geholfen, aber alle historisch entscheidenden Schlachten zuvor fanden *gegen* China statt. Rund 60 Straßennamen in Hanoi haben mit Persönlichkeiten zu tun, die sich irgendwann einmal gegen China auflehnten. Heute vereint beide Länder das politische System, und die Regierungen werden nicht müde zu erklären, wie wichtig die gegenseitige Freundschaft ist.

Die Bevölkerung sieht das differenzierter. Wenn ein Gegenstand kaputt geht, dann war es bestimmt ein »chinesisches Produkt«, sprich billig (und es geht der Verdacht um, dass China seine guten Produkte alle in den Westen exportiert). Chinesische Firmen, chinesische Politiker, chinesische Investitionen werden begrüßt, aber misstrauisch beäugt. Nur nicht vereinnahmen lassen. Freundlich bleiben. Den großen Nachbarn nicht unnötig ärgern.

Die jüngste politische Umarmung zwischen den USA und Vietnam kann nur überraschen, wer diese lange Vergangenheit mit China ausblendet. Vietnam war immer gut darin, sich zwischen großen Mächten möglichst geräuschlos zu bewegen. Die Taktik zahlreicher vietnamesischer Könige bestand darin, China glauben zu lassen, man sei treuer Vasall und der Bevölkerung zu zeigen, wie unabhängig man sei.

Das gilt bis heute. China ist groß. China ist mächtig. China ist stark. Aber Angst? Niemals.

Und wenn doch, würde es kein Vietnamese zugeben.

民共和国大使馆领事

...ÒNG LÃNH SỰ ĐẠI SỨ QUÁN...

...NG HÒA NHÂN DÂN TRUNG

GIỜ LÀM VIỆC:

...HỨ 2-6   08:30-11:00

Die Eingangstafel des chinesischen Konsulats in Hanoi. 2014 stürmten aufgebrachte Vietnamesen chinesische Fabriken, es kam zu Schlägereien und Ausschreitungen. Vordergründig ging es um die Grenzstreitigkeiten auf dem Meer, aber warum die Situation so eskalieren konnte, ist bis heute nicht ganz klar. Die Theorien reichen von einer außer Kontrolle geratenen Bevölkerung über gezielt gesteuerten Aufruhr der Regierung – bis hin zu einem versteckten Plan Chinas, andere Investoren zu verunsichern. Noch Monate später litt der gegenseitige Handel, was vor allem zahlreiche vietnamesische Branchen schwer traf.

Könige
Geschichte kann kompliziert sein

Vietnamesische Geschichte wird für Ausländer leicht etwas verwirrend. Das liegt unter anderem an den Namen der Königsdynastien. Auf die Ly folgen die Lê. Und auf die frühen Lê folgen späte Lê. Lý Thái Tông lebte im 11. Jahrhundert aber Lê Thái Tông regierte im 15. Jahrhundert. Da darf man schon mal den Überblick verlieren.

Erschwerend kommt hinzu, dass die moderne vietnamesische Geschichtswissenschaft lange Zeit vom leninistischen Modell beeinflusst war, das Epochen streng nach Wirtschaftssystemen unterteilt. Deswegen ist für viele Vietnamesen alles von Christi Geburt bis ins 19. Jahrhundert »Feudalismus«. Es kommt auch nicht selten vor, dass vietnamesische Reiseführer erklären, dieses oder jenes habe »zur Zeit des Feudalismus« stattgefunden. Was wörtlich einfach bedeutet: »früher«.

An der Statue des Hanoier Stadtgründers und großen Königs Lý Thái Tổ (nicht zu verwechseln mit dem bereits erwähntem Lý Thái Tông) erklärte mir ein vietnamesischer Bekannter bei meinem ersten Besuch in Hanoi: »Und das hier ist irgendein sehr wichtiger König. Keine Ahnung welcher, wir hatten so viele.« Das würde so heute vermutlich nicht mehr vorkommen, denn im Rahmen der bombastischen Tausendfahrfeier von Hanoi sollte es 2010 bei jedem Hanoier angekommen sein, dass Lý Thái Tổ derjenige war, der die Hauptstadt an ihren heutigen Fleck verlegte und deswegen mit einer Statue im Stadtzentrum geehrt wird.

Nicht nur Laien verlieren bei den Königen gerne mal den Überblick, auch wer sich etwas tiefer mit ihnen beschäftigen will, stößt auf Probleme. Denn Lý Thái Tổ (um bei dem Beispiel zu bleiben) hieß bei der Geburt noch völlig anders (Lý Công Uẩn), gab sich als König einen Regierungstitel (Thuận Thiên) und erhielt nach seinem Tod schließlich den Namen Thần Vũ Hoàng Đế. Einer seiner Nachfolger nahm sogar gleich acht aufeinanderfolgende Regierungstitel an. Vietnamesische Geschichtsstudenten sind nicht zu beneiden.

Eine Statue von König Lý Nhân Tông. Nicht zu verwechseln mit Lý Thái Tông, Lê Nhân Tông oder Lê Thái Tổ.

Brüste
Unerhörte Direktheit in alten Legenden

Die vietnamesische Mode war, soweit wir wissen, nie sonderlich frivol. Die von den Chinesen vor Jahrhunderten ins Land gebrachte konfuzianische Familienethik sah Frauen als züchtige Wesen. Das ging vermutlich sogar so weit, dass eine zu große Oberweite schamvoll mit Tüchern abgebunden wurde.

Eine bemerkenswerte Ausnahme gibt es allerdings. Die Nationalheldin und Aufstandsanführerin Triệu aus dem dritten Jahrhundert wird in diversen Texten (allesamt geschrieben von sicherlich sehr konfuzianisch geprägten Gelehrten) als sehr voluminös beschrieben. »In Vietnam lebte die Dame Triệu / ihre Brust war drei *thước* groß, / und sie hatte außergewöhnliches Talent.« Ein *thước*, wohlgemerkt, ist ein altes Längenmaß, das 40 Zentimetern entspricht. Folgerichtig schreibt ein anderer Text über den Beginn ihres Aufstands: »Sie nahm die Waffen auf / warf sich ihre Brüste über die Schultern / und schwang sich auf einen Elefanten.«

So viel Frivolität zu beschreiben scheint den Gelehrten dann allerdings doch selbst etwas zu gewagt gewesen zu sein, deswegen wird in einigen Versionen auch deutlich darauf hingewiesen, dass Trieu von ihrem Charakter her eine sehr tugendhafte Frau war: Als der chinesische General zu der perfiden List griff, seine Truppen gegen Trieu nackt ins Gefecht zu schicken, habe die züchtige Frau sofort zum Rückzug rufen lassen.

Dass das Aussehen von Trieu etwas Besonderes gewesen sein muss, unterstreicht auch ein Gespräch mit einem Vertreter des deutschen Unterwäscheherstellers Triumph in Vietnam. Die Firma hat als eine der ersten ausländischen Firmen in Vietnam Unterwäsche für junge Frauen verkauft, beherrscht heute den Markt und gilt als Aushängeschild für moderne, sexy Dessous. Man habe aufwändig Marktforschung betreiben müssen, was die Modelle angeht, erklärte mir der Mann. 75 Prozent der Kundinnen hätten Körbchengröße A. Die alte Reckin Triệu hätte heute sicherlich Schwierigkeiten, in einem der zahlreichen Geschäfte das richtige Teil zu finden.

Frühstück
Gegessen wird auf der Straße

»Hast du schon gefrühstückt?«, lautet eine recht häufige Frage, wenn man morgens im Büro erscheint. Eine völlig berechtigte Frage, denn zu Hause zu frühstücken ist unüblich. Wer will schon morgens nach dem Aufstehen kochen? Stattdessen geht es ins Büro an den Arbeitsplatz, und wer erst einmal da ist, der geht gleich wieder. Zum Frühstücken.

Die reichhaltige vietnamesische Suppen- und Nudelkultur hat vor allem hier ihre Wurzeln. Es gibt Suppenköche, die eröffnen morgens ihren Stand und verkaufen dann Suppe bis keine mehr da ist. Das kann schon um neun Uhr der Fall sein.

Gefrühstückt wird selbstverständlich auf kleinen Hockern, in Gruppen oder alleine. Viele Suppen scheinen wie dafür gemacht, um anschließend einen Arbeitstag überstehen zu können – zumindest bis zum Mittagessen.

Phở
Der Geschmack von Vietnam

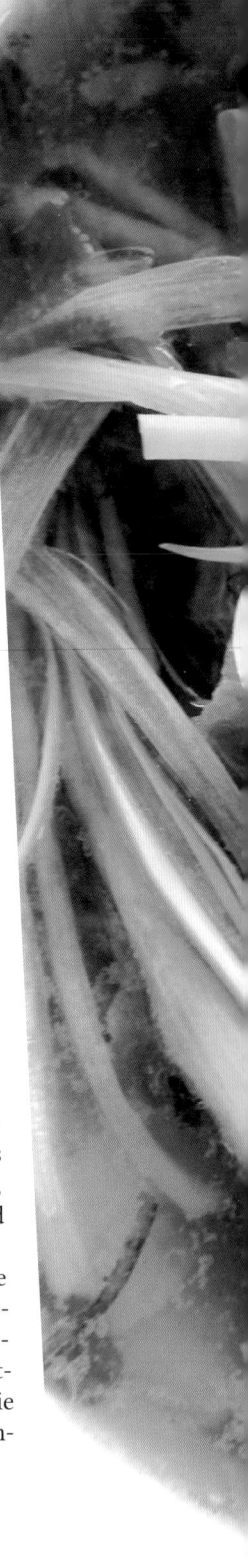

Niemand weiß, wann exakt *phở* erfunden wurde. Weltberühmtheit hat die vietnamesische Nudelsuppe (wie so viele Nationalgerichte) dank der Auswanderer erreicht. *Phở* entstand vermutlich Anfang des 20. Jahrhunderts aus einer Mischung asiatischer Nudelsuppen und dem französischen Potaufeu, von dem sich möglicherweise sogar der Name *phở* ableitet. Von den Europäern entlehnt sind zum Beispiel die Zwiebeln und vor allem das Rindfleisch.

Zutat einer jeden anständigen *phở* ist Rindfleisch (möglich ist allenfalls noch die Variante mit Huhn, alles andere ist Geschmacksverirrung), wahlweise stundenlang durchgekocht *(chín)* oder kurz roh ins kochende Wasser geschmissen *(tái)*. Der besondere Geschmack der Suppe entsteht durch die Kombination von Fleisch, Reisnudeln, Brühe und Kräutern. Es liegt auch hauptsächlich an den Kräutern, dass eine gute *phở* im Ausland so schwer zu bekommen ist: Einiges lässt sich nicht frisch importieren.

Phở ist ursprünglich ein nordvietnamesisches Gericht. Stolze Hanoier Puristen sind ohnehin der Meinung, der einzige Ort auf der Welt für gute *phở* sei Hanoi. Viele sind allerdings auch der Meinung, man bekomme sie heutzutage selbst in Hanoi immer seltener. Gute *phở*-Küchen erkennt man daran, dass sie möglichst schmutzig sind, denn es gehört sich als Kunde, Essensreste und Papier auf den Boden zu schmeißen. Je dreckiger also der Boden, desto besser der Koch. Exzellente *phở*-Köchinnen in Hanoi können es sich auch leisten, ihre Kunden beim Verteilen der Suppe schmissig anzuschnauzen. Die beste *phở* probiert man in Küchen mit lauten, keifenden Frauen. Es gibt mittlerweile auch moderne, verglaste, saubere Restaurants, die *phở* servieren, dort ist die Brühe klar, der Geschmack fad und der Preis überteuert.

Phở wird oft mit Chili, Chilipaste oder Hosin-Soße als Beigabe serviert. Man darf das alles ignorieren. *Phở* muss nicht scharf gegessen werden. Wirklich exzellente Brühe hat genug Eigengeschmack. Was man dagegen nie beiseite legen darf, ist die Limette. Man drückt sie über dem Löffel aus und gießt den Saft in die Brühe. Kerne und ausgequetschte Limette kommen dann – richtig: auf den Boden natürlich! Guten Appetit.

Zahnstocher
Mundpflege mit Holzsplitter

Ein kursorischer Blick auf die Gebisse in Vietnam genügt, um von der Behauptung Abstand zu nehmen, sie seien alle hervorragend gepflegt. Zahnspangen kommen erst allmählich ins Land, und auch Angewohnheiten wie Kettenrauchen sind nicht gerade förderlich für die Zahngesundheit. Aber es gibt fast keinen Vietnamesen, der nach dem Essen nicht zum Zahnstocher greift. Zahnstocher sind Pflicht, sei die Straßenküche auch noch so arm. Es hat fast eine beruhigend rituelle Wirkung.

Manche moderne Zahnstocher riechen nach Zimt, andere sind einzeln eingeschweißt oder haben einen geschnitzten Miniaturgriff. Klassische Zahnstocher sehen allerdings aus, als seien sie einfach ein Bündel aufgesammelter, dünner Holzsplitter. Mehr oder weniger dünn. Manche dieser Zahnstocher eignen sich höchstens für Zahnlücken.

Es ist eine Anstandsregel, sich beim Benutzen des Zahnstochers die andere Hand vor den Mund zu halten. Allerdings kann diese Regel je nach Tageszeit und Begleitung sehr flexibel ausgelegt werden. Von einer betrunkenen Gruppe Biergartenbesucher beim Mitternachtssnack wird sie nicht unbedingt befolgt. Obwohl man sicher sein kann, dass diese Männer auf jeden Fall noch zum Zahnstocher greifen. Bei diesem Teil der Zahnpflege sind die Vietnamesen nicht zu übertreffen.

Heiratsalter
Ab 30 ist was faul

Eine der Standardfragen an Ausländerinnen über 30 lautet: »Hast du schon Kinder?«. Nach der Heirat wird seltener gefragt – sie wird vorausgesetzt. Denn Vietnamesinnen über 30 Jahre sind verheiratet. Glaubt der Volksmund.

Zahlreiche junge Frauen müssen sich etwa ab Mitte 20 von den Verwandten die Frage anhören, wann sie denn nun heiraten. Die Kakophonie der immer wiederkehrenden gleichen Frage, multipliziert mit der Mitgliederzahl der Großfamilie, erzeugt schnell einen ziemlich belastenden Erwartungsdruck. Unverheiratete Frauen Ende 20 fühlen nicht selten einen Rechtfertigungszwang. Frauen über 30 laufen Gefahr, dass potenzielle Ehemänner sie aus der Logik heraus ablehnen, dass »da ja irgendwas faul sein muss.« Vielleicht denkt das noch nicht einmal der Partner selbst – es reicht schon, wenn die Familie des Partners so denkt.

Aus all dem wird leicht ersichtlich, dass die modernere Generation es schwer hat, sich gegen die Tradition durchzusetzen. Im Zweifelsfall ginge das auf Kosten der Familie – ein Schritt, den aus guten Gründen nur Wenige wagen wollen. Die Folge: Torschlusspanik. Eine 28-jährige Bankangestellte antwortete auf die Frage, was sie an ihrem zukünftigen Mann schätze: »Er passt gut auf sich auf. Er packt seinen Koffer immer sehr sorgfältig.« Flammende Liebe stellt man sich etwas anders vor. Sechs Monate später waren die beiden wieder geschieden. Es stellte sich heraus, dass der Ehemann eigentlich noch seine Exfreundin liebte. Die aber passte seinen Eltern nicht. Immerhin, das mag ein Trost sein: Scheidungen sind heute leichter möglich als früher.

Wahrsager
Der über das Glück von Paaren entscheidet

Eigentlich dürfte es gar keine Wahrsager mehr geben. Schon seit den 1950er-Jahren gab es von politischer Seite erste Bestrebungen, den »Aberglauben« auszurotten. Der Erfolg war mäßig. Selbst hochrangige Politikerfamilien glauben mitunter an die Kraft der Wahrsager.

Wahrsager sind vor allem dann gefragt, wenn es um Familien- und Beziehungsangelegenheiten geht. Eine befreundete Familie ließ sich von einem Wahrsager erklären, dass die aktuelle Freundin nicht gut genug für den Sohn und sowieso nur hinter dessen Geld her sei. Sie übte daraufhin so viel Druck auf das

junge Paar aus, dass es sich schließlich trennte. Die junge Frau heiratete kurz darauf einen noch reicheren Mann. Das nennt man selbsterfüllende Prophezeiung.

Der Wahrsager wird aufgesucht, wenn Paare sich finden, wenn ein Paar kinderlos bleibt oder wenn Menschen erkranken. Eine erstaunlich große Anzahl ganz normaler Bürger glaubt an die Kraft des Wahrsagers. Dazu brauchen Wahrsager keinen Hokuspokus – im Gegenteil: Besuche beim Wahrsager können überraschend nüchtern sein. Man nennt das Geburtsdatum, der Seher schlägt ein Heft auf, das auch ein zerfleddertes Schulheft sein kann, notiert sich Dinge und sagt anschließend: »Du wirst später viel Geld haben und in einem großen Haus leben.« Dann empfielt er noch, eine kleine Lampe vor das Bild der Tochter zu hängen. Das mache die Tochter zu einem besseren Menschen.

Viele Wahrsager sind gleichzeitig auch Feng-Shui-Berater und richten Häuser, Zimmer und Möbel nach den richtigen Himmelsrichtungen, Farben und Formen aus. Ein ausländischer Kneipenbesitzer erzählte unlängst, halb ungläubig, halb fasziniert: »Nachdem wir unsere Kasse an die andere Wand gestellt haben, verdreifachten sich die Umsätze«.

Die banalste Funktion des Wahrsagers besteht darin, die Termine für Hochzeiten festzulegen. Obwohl, so banal ist das gar nicht. Bei den asiatischen Fußballmeisterschaften 2007 musste Vietnam im Viertelfinale auf einen seiner Stammspieler verzichten: Der Wahrsager hatte für seine Hochzeit exakt den Tag des Viertelfinales bestimmt. »Ich hätte vorher nie gedacht, dass wir so weit kommen«, entschuldigte sich der Fußballer.

Ein Wahrsager in Ho-Chi-Minh-Stadt notiert sich Geburtsdatum und Geburtsstunde, um anschließend in einer Liste nach den Einflüssen der Sterne zu suchen. Von Hokuspokus keine Spur, der Mann trägt Anzug und seine einzigen Werkzeuge sind Kugelschreiber und Notizblock.

Manchester United
So fern und doch so nah

Einmal alle zwei Jahre im Sommer ist in Vietnam Ausnahmezustand. Dann kommen Arbeitskollegen morgens mit Ringen unter den Augen übermüdet ins Büro. Manche kommen auch zu spät oder gar nicht. Es ist Fußballweltmeisterschaft. Oder Europameisterschaft. Bestimmt wieder in einem Land irgendwo weit weg von der vietnamesischen Zeitzone. In Südafrika, Polen, Österreich oder Brasilien.

»Fußballverrückt« klingt wie eine Floskel, aber in diesem Fall beschreibt der Begriff ein Land recht gut, das kollektiv bereit ist, sich Spiele anzuschauen, die um zwei Uhr morgens beginnen. Drei Wochen lang. Es ist auch überhaupt nicht unwahrscheinlich, einen Vietnamesen zu treffen, mit dem man sich über die Aufstellung von Bayer Leverkusen unterhalten kann, obwohl Leverkusen mehr als 10.000 Kilometer weit entfernt liegt.

Deutlich wahrscheinlicher allerdings ist es, sich mit Vietnamesen über die Aufstellung von Everton, Aston Villa oder Manchester United unterhalten zu können. Die englische Premier League ist eine Marke, deren Wucht und globaler Einfluss sich erst in Asien richtig ermessen lässt. Das ganze Wochenende lang flimmern abends die Spiele live über den Bildschirm. Dann drängeln sich große Gruppen von Fußballfans in

kleinen Cafés mit Fernsehern und jubeln über Tore aus London, als läge London irgendwo in Vietnam. Alle Spiele sind frei zu empfangen über Kabelfernsehen. Als 2011 ein Bezahlsender die Sonntagsspiele aufkaufte, kam es fast zu einem Volksaufstand.

Wer genau hinsieht, bemerkt bei den Mittagsspielen, die in England gegen 14 Uhr angepfiffen werden und in Vietnam am frühen Abend zu sehen sind, sogar vietnamesische Bandenwerbung, abwechselnd mit Werbung auf Thailändisch oder Chinesisch. Deutlich einfacher sind die Insignien des Fußballenthusiasmus im Straßenverkehr auszumachen: Wer wirklich zu seinem Club hält, der klebt sich einen Sticker auf den Motorroller oder den Helm. Madrid, Barcelona und Manchester fahren so durch die Straßen – Sticker vietnamesischer Vereine sind dagegen so gut wie gar nicht zu sehen.

Vereinsfußball
Stolz und Schande

Vietnams eigene Fußballliga füllt zwar die Stadien, lässt aber vor allem die Großstädter eher die Nase rümpfen. Das Niveau sei schlecht, die Spieler überbezahlt, klagen sie. Die hohen Gehälter locken aber sogar ausländische Spieler an, vor allem zahlreiche Afrikaner, aber auch kuriose Sonderfälle wie den brasilianischen Ex-Weltmeister Denilson.

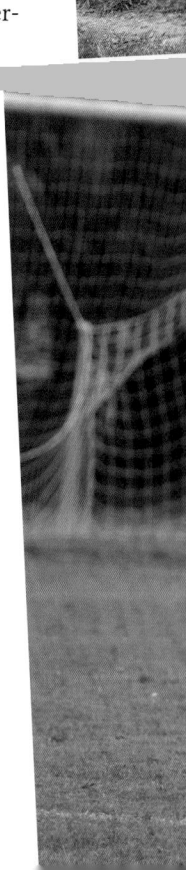

Der heuerte im Juni 2009 für zwei Wochen beim Club Xi Măng Hài Phòng (»Zement Haiphong«) an, bevor ihm plötzlich überraschend bewusst wurde, dass Vietnam vielleicht doch nicht so interessant ist. Zwischenzeitlich hatte Haiphong mal schnell seine Ticketpreise verdoppelt und das Trikot des Brasilianers für das Zehnfache verkauft. Denilson blieb einen Monat und spielte eine Halbzeit. Bei den restlichen Spielen ließ er sich unter anderem damit entschuldigen, dass es die Nacht vorher in seinem Hotel so laut gewesen sei. Dann beendete er seinen Vertrag.

Xi Măng Hài Phòng gibt es übrigens nicht mehr. Der Club hat seinen Sponsor gewechselt und heißt jetzt Vicem Hài Phòng. 2012 landete er auf dem Abstiegsplatz. Im selben Jahr beschloss die V-League, dass sie künftig Premier League heißen wolle. Dann benannte sie sich in Super-League um. Vietnamesischer Fußball ist sehr schnelllebig.

Die sponsorengestärkten Vereine sind so zahlungskräftig, dass es umgekehrt für vietnamesische Spieler wenig lukrativ ist, nach Europa zu gehen. Zu Hause können sie deutlich mehr verdienen, als in irgendeiner zweiten europäischen Liga. Bislang war der einzige Fußballexport ein Spieler in der zweiten Liga in Portugal.

Darunter leidet auch die Nationalmannschaft. Trotz der knapp 90 Millionen Menschen, trotz aller Fußballverrücktheit – die vietnamesischen Kicker können an guten Tagen auf den Südostasien-Titel hoffen, alles darüber hinaus ist wenig wahrscheinlich. 2011 durfte sich mit Falko Götz sogar ein deutscher Nationaltrainer an der Herausforderung versuchen. Er krempelte ein wenig um, erreichte achtbare Ergebnisse bei der Qualifikation zur WM 2014 – scheiterte aber schon nach einem halben Jahr unter anderem an einem undurchsichtigen Gewirr von Verbandsinteressen. Vietnamesische Fußballfans schütteten im Internet und in Briefen Hohn und Spott über ihren nationalen Verband aus – dann wandten sie sich wieder der Premier League zu. Der englischen.

Oben: Ist das der Grund, warum der vietnamesische Fußball international nicht erfolgreich ist? Fußballfeld auf dem Land, inklusive Kühen und Erdhaufen. Deutlich bessere Trainingsverhältnisse hat die veitnamesische Nationalmannschaft, hier bei einem Trainingsspiel 2011 (unten). Von der Seite schaut der damalige deutsche Trainer Falko Götz zu.

Mondkalender
Doppelte Zeitrechnung

Eines der Geschenke, mit denen Vietnamesen nicht viel anfangen können, sind Kalender – zumindest wenn sie an einem Ort außerhalb der Region gedruckt wurden. Das liegt daran, dass man sich in Vietnam nach zwei Kalendern richtet: dem international üblichen gregorianischen Kalender und dem eigenen vietnamesischen Mondkalender, der tatsächlich ein eigener Kalender ist und nicht etwa der chinesische Mondkalender, auch wenn Unterschiede nur alle paar Jahre auftauchen. Kalender in Vietnam tragen deswegen immer zwei Daten. Es kann gleichzeitig der zweite Tag des fünften Monats und der 20. Juni sein.

Der Mondkalender ist für Vietnamesen nicht nur einfach ein kulturell-traditionelles Relikt. Er regelt weite Bereiche des privaten Lebens: Religiöse und sogar nationale Feiertage können sich nach dem Mondkalender richten, genauso wie zahlreiche dörfliche Feste. Nicht zuletzt wechselt das wichtigste Fest des Jahres, das Neujahrsfest *Tết* (siehe Seite 86), ständig sein (gregorianisches) Datum.

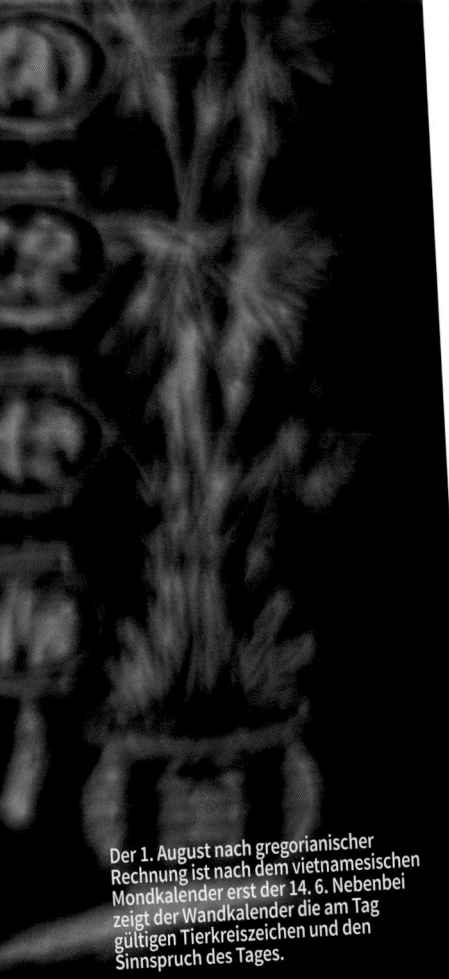

Das Kalendersystem ist allerdings kein reiner Mondkalender. Ein Mondjahr wäre immer kürzer als das Jahr mit 365 Tagen und ließe Feiertage wie Neujahr ständig nach vorne rutschen. Deswegen wird alle vier Jahre ein Schaltmonat eingefügt. Das Jahr hat dann 13 Mondmonate, und der Neujahrstag springt vom Januar wieder in den Februar. Es ist also ein Mondkalender, der sich nach dem Sonnenjahr richtet: ein lunisolarer Kalender.

Da die Monate im Vietnamesischen keine eigenen Namen haben, sondern einfach nur »der vierte Monat« oder »der achte Monat« heißen, benutzen Vietnamesen in Fremdsprachen häufig auch für die Mondmonate verwirrenderweise die Namen des gregorianischen Kalenders. Das kann zu Missverständnissen führen. Wer sichergehen will, ob er tatsächlich am 25. April oder nicht doch eher am 25. Tag des vierten Mondmonats eingeladen ist, sollte vorher noch einmal nachfragen.

Der 1. August nach gregorianischer Rechnung ist nach dem vietnamesischen Mondkalender erst der 14. 6. Nebenbei zeigt der Wandkalender die am Tag gültigen Tierkreiszeichen und den Sinnspruch des Tages.

Hochzeitsfotos
Millimeterarbeit

Wer sich die Hanoier Oper anschauen will, sollte sich nicht wundern, wenn er über Hochzeitspaare stolpert. Hochzeitsfotos, die zu voluminösen Hochzeitsbüchern gebunden werden, sind Pflicht in Vietnam. Die meisten Fotoagenturen sind dabei allerdings ein wenig einfallslos. Sie gehen mit ihren Paaren immer wieder zu denselben Orten. In Hanoi sind das die Oper, das Metropole Hotel, der Botanische Garten, in Ho-Chi-Minh-Stadt die Kathedrale oder die Hauptpost. Wo ein Hochzeitspaar ist, ist also bestimmt auch noch ein zweites. Und ein drittes. Normalerweise finden solche Fototermine mehrere Wochen vor der Hochzeit statt, damit das Buch zum Feiertag fertig ist.

Zu einem Hochzeitsfotopaket gehört meist die Vorgabe, dass man in mindestens drei verschiedenen Outfits fotografiert wird. Zum Beispiel einmal in Weiß, einmal in Rot und einmal in vietnamesischer Hochzeitstracht. Die Braut muss sich also auf offener Straße mindestens zweimal umziehen. Anschließend erzählt der Fotograf mit seinen Fotos eine Geschichte. Nicht selten ist das die Geschichte, die er selbst erzählen will, weil er die wahre Kennenlerngeschichte ohnehin für zu langweilig hält. Spaziergänger können beobachten, wie er das Paar millimetergenau dirigiert: »Kopf etwas nach oben, zwei Millimeter zur Seite, noch etwas, noch etwas, nein, zu weit, ja, genau so! Und jetzt bitte fünf Minuten halten!« Im Studio werden die Fotos mit Computer und Bildbearbeitungsprogramm noch einmal kräftig aufgehübscht. Der Sohn von Bekannten fragte mal beim Anblick der Hochzeitsfotos, wer denn eigentlich die Frau da neben Papa sei.

Zum Haareraufen. Ein Hochzeitsalbum anlegen, ist Schwerstarbeit. Für den Fotografen, der alle Einstellungen genau dirigieren muss. Und für das Paar, das meist einen ganzen Tag lang unterwegs ist.

Brauner Sekt
Hochzeit mit Rauch und Hall

Vietnamesische Hochzeiten sind laut. Auf der Bühne steht ein Entertainer, der unter dem kräftigen Einsatz von Mikrofon (mit Hall) die Veranstaltung moderiert. Nicht selten feiert er sich dabei vor allem selbst. Dann dürfen kurz Brautpaar und Eltern etwas sagen (ebenfalls mit Hall), anschließend wird der Sekt in die Glaspyramide gekippt. Die gehört mittlerweile zum Inventar. Es gibt keine Hochzeiten ohne Glaspyramide mehr. In der Glaspyramide ist trockenes Eis oder irgendeine andere fiese Chemikalie versteckt, die den Sekt rauchen lässt und dunkel färbt. Normalerweise braucht es mindestens zwei Flaschen Sekt, bis alle Gläser voll sind. Das raucht dann, stinkt sehr, und niemand käme am Ende auch nur im Traum auf die Idee, das Zeug zu trinken.

Vietnamesische Hochzeiten sind kurz. Sie finden traditionell mittags statt, es werden möglichst viele Leute eingeladen, man will sich zeigen. Und man will verdienen. Das Hochzeitsgeschenk ist immer ein Briefumschlag mit Geld. Auch das ist Pflicht. Je mehr Gäste, desto mehr Geld. Weil die Essenspreise zuletzt gestiegen sind, beklagen sich immer mehr Familien, dass man bei Hochzeiten jetzt draufzahlen müsse. Zum Essen gibt es Klebreis, Huhn, Suppe, frittierte Shrimps und Gemüse. Das Essen auf Hochzeiten schmeckt verblüffenderweise überall gleich. Auch deswegen gehen manche

Vietnamesen nicht gerne auf zu viele Hochzeiten. Nicht, dass sie eine Wahl hätten. Vielleicht ist das auch der Grund, warum auf Hochzeiten meistens gerne besonders viel getrunken wird.

Bei einer der Hochzeiten, die ich besucht habe, ging nach dem ersten Lied eine Verwandte des Bräutigams zum Entertainer und bat ihn, die Musik etwas leiser zu stellen. Man könne sein eigenes Wort nicht mehr verstehen. Der Mann sah sie verdutzt an und erklärte, dann könne er nicht mehr singen. Sie erklärte ihm darauf, das sei eine wunderbare Idee.

Der Rest der Hochzeit verlief dann mit deutlich heruntergedrehter Musik und ohne singenden Entertainer. Eine weitere Vietnamesin erzählte daraufhin von ihrer letzten Bürofeier, an der ebenfalls solch ein Moderator durch den Abend geführt habe. Als er schließlich aufgehört habe zu singen, hätten alle erleichtert geklatscht, weil es endlich vorbei war.

»Eigentlich ist es seltsam«, sagten dann einige Anwesende mit gerunzelter Stirn, »wir zahlen bei solchen Festen für Dinge, die wir gar nicht wollen.«

Schwiegertochter
... und die böse Schwiegermutter

Die Schwiegertochter aus dem Nachbarhaus hat ein Problem. Sie kommt mit ihrer Schwiegermutter nicht zurecht. Was eine kleine, lästige Alltagssorge sein könnte, ist in Vietnam ein sehr handfestes Problem – die junge Frau lebt nämlich mit ihrer Schwiegermutter unter einem Dach.

Das ist nicht nur normal, es ist fast schon Gesetz. Der älteste Sohn bleibt im Haus seiner Eltern, auch nach der Heirat. Ausnahmen und Umzug gibt es bisweilen aus beruflichen Gründen, aber die Auswahl an beruflichen Standorten ist in Vietnam nicht gerade groß. Außerdem ist es die Aufgabe des Sohnes, sich um die Eltern zu kümmern, wenn sie alt werden. Wenn die Ehefrau nicht mit der Schwiegermutter zurechtkommt, hat sie Pech und muss sich arrangieren. Ich kenne die Mutter im Nachbarhaus. Eine kleine, drahtige Frau, die zwar sehr oft lächelt, aber eine sehr bellende Stimme hat, sich niemals schont und andere schon gar nicht.

Merke also: Du heiratest nicht nur einen Mann, du heiratest auch seine Eltern. Mehrmals im Monat läuft die Schwiegertochter jetzt weinend zu Onkel und Tante. Zu Onkel und Tante des Ehemanns – ihre eigene Familie wohnt zu weit weg.

Es geht natürlich auch umgekehrt. Es gibt auch Familien, da herrschen Freude und Liebe. Veranschaulicht durch folgende Anekdote: Die Eltern mögen ihren Sohn und ihre Schwiegertochter so gerne, dass sie jeden Abend ins Zimmer des jungen Brautpaars kommen und dort mit ihnen bis in die Nacht gemeinsam fernsehen.

Nach einem Jahr täglicher gemeinsamer Fernsehabende fragen die Eltern verwundert nach, warum denn noch kein Nachwuchs da sei.

Hier scheint zwischen Jung und Alt alles in Ordnung. Keine Selbstverständlichkeit. Der Streit zwischen den Generationen ist manchmal vorprogrammiert, wenn die junge Braut bei den Schwiegereltern einzieht.

Lärmbelästigung
Vietnam ist nicht laut – glauben Sie mir

Eine Nachbarin klopfte an die Tür. Sie war neu in Hanoi. Seit drei
Tagen. Und sie war sehr sauer auf den Vermieter. Der habe ihr
nämlich vorher nicht gesagt, dass das Zimmer so unglaublich
laut sei. Wie ich das denn aushalten würde?

Laut?
»Ja, laut«, sagte die Nachbarin. Der Verkehr draußen.
Endlos. Stundenlanges Gehupe. Und dann die Bauarbeiten nebenan. Da wird gerade ein Haus abgerissen.
Ständiges Klopfen und Rumpeln. Und dann der Bahnhof
nebendran, wenn sie das gewusst hätte! Die Züge sind ja
so laut. Sie geben schrille Warntöne von sich, manchmal
minutenlang. Wenn die Züge fahren, dann wackelt das
ganze Haus. Auch um vier Uhr morgens! Kein Auge habe
sie zutun können, die ganze Nacht.

An dieser Stelle fiel mir auf: Stimmt. Genauso hatte ich
mich in der ersten Woche hier auch gefühlt. Obwohl ich
schon ein paar Monate Vietnam-Erfahrung hatte, kam mir
das neue Zimmer sehr laut vor, direkt an der Hauptstraße.

Ein halbes Jahr später aber hatte ich das Gefühl: Ich höre
nichts. Nichts was mich stört. Draußen hupt es, aber ich
nehme das nur wahr, wenn ich mich drauf konzentriere.
Manchmal wache ich morgens von Hupen auf, dann drehe
ich mich um und schlafe weiter. Die Bauarbeiten waren ein
wisperndes Gemurmel. Und der Zug ... naja, der Zug war
ein echtes Kuriosum. Manchmal pfiff und schrie er schril-
lend durch die Nacht. Aufwecken tat mich das nicht. Dabei
bin ich normalerweise nicht unbedingt geräuschunemp-
findlich.

Vielleicht lag es daran: Verkehr und Lärm rund um das
Zimmer waren mittlerweile nicht mehr unerwartet. Sie ge-
hörten dazu. Sie waren normal. Sie sind Teil einer Alltagsmu-
sik, die Hanoi heißt.

Vietnam ist nicht laut.

Es ist erstaunlich, wozu das menschliche Gehirn imstande
ist.

Die Schienen führen vom Hanoier Bahnhof direkt durch die angrenzenden Wohnviertel. In Vietnam ist es gut, ein wenig lärmunempfindlich zu sein. Man kann sich das allerdings auch antrainieren.

Dschungel
Noch lauter

Die Annahme, außerhalb der Städte sei es ruhiger, ist ein Irrtum. Wo keine Lastwagen und Motorroller zu hören sind, sorgt die Natur für Krach. In den Herbstmonaten können Schwärme von Zikaden mit ihrem Lärm jede größere Baustelle vor Neid erblassen lassen.

In den vietnamesischen Wäldern wiederum zirpen und surren die Insekten, es quaken und brüllen die Frösche, Vögel schreien, trillern und singen. Die Artenvielfalt in Vietnam ist überwältigend. Unzählige Arten von Insekten, Amphibien und Reptilien sind Schätzungen zufolge noch überhaupt nicht entdeckt worden. 1994 stießen Forscher auf das bis dahin völlig unbekannte Riesenmuntjak, eine Art kleiner Hirsch. Kurz zuvor war gerade erstmals das Vietnamesische Waldrind aufgetaucht, nach seinem Fundort auch Vu-Quang-Antilope genannt. Vor diesen beiden Funden waren Wissenschaftler davon ausgegangen, dass die Entdeckung neuer Säugetiere eigentlich gar nicht mehr möglich ist.

Vietnamesische Wälder leiden allerdings auch unter Wilderei und illegalem Holzeinschlag. Umweltverbände vermuten, dass 2010 das letzte vietnamesische Nashorn Wilderern zum Opfer fiel. Bisweilen stellt man verwundert fest, dass manche Anwohnergemeinden rund um Nationalparks erstaunlich moderne Häuser haben – und dass ganz in der Nähe mehrere Hektar Wald frisch abgeholzt sind. Die armen Haushalte, die aus eigener Not ein seltenes Tier erjagen, sind nicht das Problem. Eher schon die Restaurants, die rund um geschützte Wälder mit »Delikatessen« locken.

Immer mehr Städtern scheint außerdem der Bezug zur Natur abhanden zu kommen. Während eines Trainingsausflugs mit vietnamesischen Radiojournalisten hatte die Gruppe die Gelegenheit, von einem Parkangestellten nachts durch den Wald geführt zu werden. Die Geräuschkulisse war atemberaubend. Die jungen Hanoier nahmen das allerdings nicht wahr: Sie redeten während der gesamten Stunde laut miteinander.

Macht Lärm: Ein aufgeschreckter Frosch bei einer Nachtwanderung im zentralvietnamesischen Dschungel.

Straße überqueren
Niemals anhalten. Niemals!

Es gibt von Ulrich Wickert, damals noch Frankreich-Korrespondent, ein berühmtes Video, in dem er die Pariser Place de la Concorde überquert, ohne ein einziges Mal nach den Autos zu schauen. Es ist nicht bekannt, ob Vietnam sein Verkehrssystem auch noch den Franzosen zu verdanken hat (was eher unwahrscheinlich ist, da es zu Kolonialzeiten kaum Autos auf den Straßen gab), und es gibt in Vietnams Städten keine Straße, die so breit wäre, wie jene in Paris, aber das Prinzip ist dasselbe: Wer eine Straße überqueren will, der muss loslaufen.

Das erfordert ein klein wenig Mut, aber man halte sich dabei an folgende Weisheiten:

1) Der Verkehr ist langsamer, als es den Anschein hat.
2) Wer nicht, niemals, unter keinen Umständen anhält, ist für die Fahrer leichter berechenbar.
3) Motorroller sind sehr daran interessiert, immer hinter einem Fußgänger vorbeizufahren, denn dann müssen sie nicht abbremsen. Deswegen bitte: niemals anhalten!
4) Niemals anhalten.
5) Es kann tatsächlich passieren, dass ein Auto direkt stoppt, wenn ein Fußgänger vor die Kühlerhaube läuft. Sich darauf zu verlassen ist allerdings etwas für Fortgeschrittene – und Lebensmüde.

Wer besonders vietnamesisch über die Straße gehen möchte, darf auch den Arm zur Seite ausstrecken und mit der nach unten gebeugten Hand wedelnde Bewegungen machen. Ob das irgendetwas hilft, ist fraglich. Als Zusatzregeln seien folgende Ausnahmen genannt: Wenn ein Fahrzeug sehr groß und sehr schnell angefahren kommt, ist ein Abstoppen gestattet. Abstoppen wohlgemerkt, kein Rückwärtsgehen. Das betrifft vor allem Lastwagen und Busse. Finger weg (oder besser: Füße weg) von Lastwagen und Bussen.

Und wer sich trotzdem nicht traut, eine Straße zu überqueren, der kann natürlich das tun, was viele Vietnamesen auch machen: selbst kurze Strecken mit dem Motorroller zurücklegen.

Helm
Vom Reiskocher zum Damenhut

Schon zweimal hatte die vietnamesische Regierung versucht, die Helmpflicht einzuführen. Jeweils im Sommer. Es blieben Versuche. »Reiskocher« nennen die Vietnamesen den Motorradhelm abfällig, weil er die Birne weichkocht. Unerträglich. Beim Fahren auf dem Motorroller den Helm aufsetzen? Kommt nicht in Frage. Die Vietnamesen stimmten mit den Füßen ab, beziehungsweise mit dem Kopf: Sie verweigerten einfach, den Helm aufzusetzen.

Dann der dritte Versuch im Januar 2008. Diesmal meinten die Behörden es ernst. An jeder Straßenecke standen Polizisten, vor allem an Ampelkreuzungen, wo man die Schuldigen aus dem wartenden Pulk leicht rausfischen konnte. Innerhalb weniger Wochen war das vormals Undenkbare Realität. Seitdem trägt Vietnam Helm.

Allerdings lohnt es sich, genauer hinzuschauen. Die meisten Fahrer tragen einen Helm, weil sie keine Strafe zahlen wollen. Nicht etwa, weil sie glauben, dass der Helm sie irgendwie schützt. Wer die Helme genauer betrachtet, stellt eine überraschend große Anzahl an Helmen fest, deren Gurt gar nicht geschlossen ist. Dazu gibt es neureiche Jugendliche, die Angst um ihre Frisuren haben und wissen, dass Papa die Strafe schon zahlen wird (oder der Polizist Angst vor Papa hat). Außerdem gibt es Helme, die besonders modisch aussehen (Helme in Damenhutform waren eine Zeitlang sehr im Trend), Helme mit einem Loch für den Zopf, Helme, die wie Soldatenhelme aussehen (oder Soldatenhelme, die als Motorradhelme verwendet wer-

den?). Es gibt sehr, sehr viele Helme. Die wenigsten davon sind sicher. Eine Studie im Jahr 2011 kam zu dem ernüchternden Ergebnis, dass 80 Prozent aller getragenen Helme bei einem Unfall so gut wie gar nichts nützen.

Kinder tragen übrigens keine Helme. Das liegt vor allem daran, dass Kinder keine Strafe zahlen müssen.

Eine Frau am Straßenrand von Hanoi verkauft Helme und Kappen. Manche Helme sehen allerdings auch wie Kappen aus. Mode geht für die meisten Motorrollerfahrer vor Sicherheit.

Bus
Voll ist gar kein Ausdruck

Überlandbusse sind für viele Vietnamesen eine lebenswichtige Verbindung zwischen Arbeit und Heimatdorf. Die Busse fahren von den großen Städten in die Provinzen, sie verbinden Orte quer durch das Land. Arbeiter fahren mit dem Bus nach Hause, Studenten fahren in die Semesterferien, und an den landesweiten Feiertagen sind die Busse sowieso völlig überfüllt.

Das bedeutet nicht, dass sie an anderen Tagen leer wären. Eher im Gegenteil. Busfahrer machen nur dann richtig Profit, wenn sie viele Leute mitnehmen. In einen 24-Sitzer passen in Vietnam ohne Probleme rund 50 Leute. Es wird hier noch etwas gedrückt und da noch etwas, und es werden kleine Plastikhocker auf jede freie Fläche gestellt. Man kann auf einer Busfahrt sehr viel über das sehr unterschiedliche Gefühl von Nähe in Vietnam lernen. Außerdem sollte sich auch niemand wundern, wenn im Kofferraum noch ein lebendes Huhn gackert, das gerade vom Land in die Stadt gefahren wird. Oder umgekehrt.

Manche Vietnamesen fahren nicht gerne Bus. In jedem Bus sitzen immer mindestens drei Fahrgäste, die leicht reisekrank werden. Interessanterweise scheint Übelkeit in Fahrzeugen etwas damit zu tun zu haben, ob Menschen bereits als Kinder die Gelegenheit hatten, im Auto zu sitzen.

In der Stadt gibt es übrigens auch Busse. Sie sind praktisch, unschlagbar günstig und fahren eigentlich überall hin. Die Stadtbusfahrer haben es ebenfalls eilig, sie haben einen Zeitplan zu erfüllen. Busfahrer halten deswegen nicht gerne, auch nicht an Haltestellen. Die Fahrgäste müssen sehr schnell rennen und sehr schnell einsteigen, und es ist generell eine kluge Idee, einem Bus im Straßenverkehr Vorfahrt zu lassen, denn der Bus hat einen entscheidenden Vorteil: Er ist groß. Wegen des straffen Zeitplans umfahren Busse auch gerne großräumig Staus. Der Busfahrer sagt dann durch, dass er jetzt direkt zur Endhaltestelle fahre, wer dort nicht hinwolle, solle bitte jetzt hier aussteigen.

Von all dem abgesehen sind Busse sehr praktisch.

Blick durch die Frontscheibe, aufgenommen
2007 vor Einführung der Helmpflicht.

Mobiltelefone
Warum es mehr Nummern als Einwohner gibt

Im Juni 2014 besaßen die etwa 90 Millionen Einwohner in Vietnam rund 130 Millionen Handy-Anschlüsse. Statistisch gesehen telefoniert also jeder Vietnamese mit mehr als einem Handy. Insofern sollte man sich auch nicht wundern, wenn plötzlich mitten in den Bergen, zwischen Reisfeldern und Büffeln, eine Vietnamesin in traditioneller Bauerntracht an ihrem Mobiltelefon herumfummelt.

Der Grund für diese seltsame Statistik ist vor allem die Geschäftspolitik der Mobilfunkanbieter: Dank zahlreicher Sonderangebote ist es oft deutlich günstiger, sich einfach eine neue SIM-Karte (und damit eine neue Telefonnummer) zu kaufen, als den alten Vertrag zu verlängern. Die Anbieter mussten mittlerweile auch längst kleinlaut einräumen, dass sie keine Ahnung haben, wie viele Anschlüsse tatsächlich genutzt werden. Seit 2013 gelten verschärfte Regeln: Man muss jetzt für einen Prepaid-Vertrag seinen Namen angeben.

Das Handy ist Standard. Wer jemanden erreichen will, ruft auf der Mobilnummer an. Festnetz wird kaum genutzt. Es kam erst kurz vor dem Handy Ende der 1990er-Jahre ins Land. In abgelegenen Gegenden kam das Handy sogar zuerst. Das beeinflusst das Telefonverhalten: Wenn es klingelt, geht man ran. Alles andere würde nur Besorgnis auslösen. Man geht ran, auch wenn man mitten im Gespräch ist. Oder gerade am Stehpult eine Rede hält. Oder als Professor bei Studenten die Prüfung abnimmt. Im Sommer 2014 sorgte ein Katastrophenexperte im Fernsehen für Aufsehen: Als sein Handy während des Live-Interviews im Studio klingelte, ging er nicht etwa dran, sondern versuchte es möglichst unauffällig aus dem Sichtbereich zu werfen. Dem Klang nach zu urteilen überlebte das Telefon diese Aktion nicht.

Gewisse Höflichkeitsformen am Telefon gibt es freilich auch. Zum Beispiel halten sich Telefonierende die Hand vor den Mund, wenn sie gerade in einer Konferenz sitzen. Das nützt zwar sehr wenig, gilt aber als vornehm. Wer noch höflicher sein will, der lehnt sich zur Seite, eventuell bis unter den Tisch.

Wenn also ein Vietnamese beim Telefonieren plötzlich mit seinem Kopf halb auf Ihrem Schoß landet, wundern Sie sich nicht: Es ist höflich gemeint.

Eine junge Frau vom Volksstamm der sogenannten »Blumen-Hmong« (benannt nach ihren farbenfrohen Gewändern) überprüft beim Marktbesuch schnell noch mal ihr Telefon. Auch in entlegenen Gebieten wie dem vietnamesisch-chinesischen Grenzland gibt es mittlerweile ein solides Funknetz.

Reichtum
Von der Schwierigkeit, zu protzen

Es gibt Vietnamesen, die ihren Reichtum zur Schau stellen. Angeben ist nicht generell unhöflich. Ganz so einfach ist es allerdings doch nicht. Da der Motorroller und das Handy schon längst keine ausgewiesenen Symbole des Reichtums mehr sind, muss stattdessen zum Beispiel die Louis-Vuitton-Tasche herhalten. Ein Markenname sagt mehr als tausend Kleidungsstücke. Aber auch hier gibt es Tücken, denn in einem Land mit florierendem Schwarzmarkt ist es nie ganz sicher, ob Designertasche und Luxuskleid nun echt oder gefälscht sind.

Wer ein wenig protzen will, hat es also schwer. Denn noch immer ist der Markt an Luxusgütern etwas begrenzt, und es ist auch gar nicht gesagt, dass der Nachbar es erkennt, wenn es sich tatsächlich um ein teures Luxusgut handelt. Manche greifen deswegen gerne zur etwas plumperen Variante. Geschäftstüchtige Weinhändler erzählen mit gierigem Grinsen, dass es Kunden gibt, die nach »der teuersten Flasche Wein« fragen. Dafür werden dann Fantasiepreise festgesetzt. Wie es schmeckt, ist völlig belanglos. Es geht nicht um den Wein, es geht um das Symbol.

Es gibt aber auch reiche Männer und Frauen, die einfach genauso weiterleben wie bisher. Ihre Häuser sind einfach, teilweise wirken sie geradezu ärmlich. Ihre Kleidung ist schlicht. Sie protzen nicht gerne, und sie wissen auch nicht, was sie mit ihrem Geld anfangen sollen, weil ihnen die üblichen Statussymbole nicht gefallen. Also sparen sie das Geld, investieren es in die Bildung ihrer Kinder oder in Immobilien und Aktien, um es weiter zu vermehren und noch weniger damit anfangen zu können. Mitunter landen spektakuläre Erbstreitigkeiten solcher Fälle in der Zeitung, weil der Reichtum des kinderlosen Onkels nach seinem Ableben selbst dessen Verwandte überraschte.

Einem Bekannten von mir könnte das nicht passieren. In seinem Wohzimmer steht ein Aquarium. Es ist leer, bis auf einen großen Fisch. Der Fisch ist sehr hässlich. Er schwimmt von rechts nach links, und auf dem Aquarium steht ein Schild, das besagt: Dieser Fisch ist sehr selten. Er kostet 5.000 Dollar. Manche legen ihr Geld in Aktien an, andere in Fische. Sage noch jemand, Geld stinkt nicht.

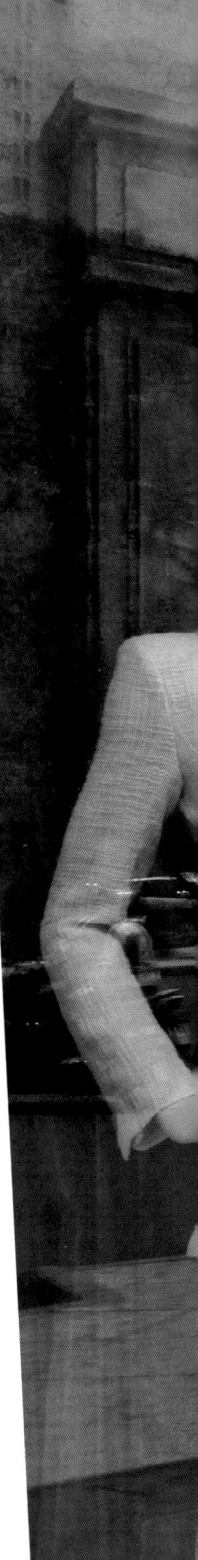

Schaufenster eines Luxuskaufhauses im Zentrum von Ho-Chi-Minh-Stadt. Die Schaufensterpuppen tragen nicht nur Designerkleider, sondern sind auch behängt mit Schmuck. Im Schaufenster spiegelt sich links das Caravelle-Hotel, das berühmt wurde, weil im Krieg dort die ausländischen Journalisten untergebracht waren.

Geldzählmaschine
Denn niemand zählt so viel Geld per Hand

Vietnamesen hantieren mit großen Geldbündeln. Das liegt nicht nur an den vielen Nullen auf den Đông-Scheinen. Es liegt auch daran, dass die Scheine oft nur in vergleichsweise kleinen Notierungen vorhanden sind. Die größte Banknote ist der 500.000-Đông-Schein. Das entspricht umgerechnet etwa 20 Euro. Mehr geht nicht.

Wer zum Geldautomaten oder zur Bank geht, wird dort allerdings nicht immer mit solchen Scheinen belohnt. Häufig bekommt er den Betrag auch in Form von 100.000-Đông-Scheinen ausgezahlt, die jeweils vier Euro entsprechen. Wer also den Gegenwert von 100 Euro mit sich herumtragen möchte, braucht dafür zwei Dutzend Geldscheine.

Es kommt aber noch dicker. Vietnam ist Bargeldland. Viele Gehälter werden in bar ausgezahlt (und im Briefumschlag ausgehändigt). An der Kasse zahlt man bar, im Restaurant, im Geschäft. Kreditkarten setzen sich zwar langsam durch, aber nicht selten ist »die Maschine gerade kaputt«. Deswegen wird zum Beispiel auch schon mal das Flugticket in bar bezahlt. Oder die Wohnung. Nein, nicht die Miete, sondern der Kaufpreis.

700 Euro für ein Flugticket in bar, verteilt auf 100.000-Đông-Noten, sind knapp 200 Geldscheine. Ein sehr stattliches Bündel. 200 Scheine, die zählt niemand mit der Hand. Genauer gesagt werden schon 30 Scheine ungern mit der Hand gezählt. Stattdessen rattert die Geldzählmaschine und präsentiert am Ende leuchtend eine 30. Dreißig Scheine. Stimmt so. Dankeschön. Reisebüros, Banken und Personalabteilungen haben solche Maschinen. Oft stehen sie vor streng aussehenden älteren Damen, die mit scharfem Blick ein Bündel Scheine in die Maschine legen, ungefähr genauso geübt, wie die Metzgerfrau, die exakt 202 Gramm Hackfleisch auf die Waage legt. Nicht selten zeigt die Maschine auch höchstens ein bis zwei Scheine zu viel oder zu wenig an. »Darf's ein bisschen mehr sein?«, fragt die Frau dann allerdings nicht. Sie entfernt zwei Scheine und lässt alles noch einmal durchlaufen. Zur Sicherheit.

Links kommen die Geldscheine hinein, rechts flattern sie wieder heraus. Der elektronische Zähler sagt an, wie viele es sind. Hier hebt jemand gerade 50 Millionen Đồng (etwa 2.000 Euro) in 500.000er-Scheinen ab. Wenn der Zähler bei 100 angekommen ist, ist die Zahl korrekt.

Einkaufswaren
Was es alles *nicht* gibt

Es gibt Dinge, die gibt es nicht in Vietnam. Das ist nicht verwunderlich. Wer ins Ausland geht, der erwartet, dass er dort fremde Dinge findet und auf Vertrautes verzichten muss. Umso verwunderlicher ist es dann, wenn man ankommt und feststellt, was es alles sehr wohl doch gibt. Deutsche Schokolade zum Beispiel.

Vietnam ist (noch) kein Land, in dem glitzerüberflutete Shoppingmalls die Illusion heraufbeschwören, dass man sich eigentlich gerade an jedem anderen Ort auf der Welt befinden könnte. Die Einkaufstempel in Hanoi und Ho-Chi-Minh-Stadt wirken da erfrischend bieder, bisweilen für das Warenangebot auch komplett überdimensioniert (vermutlich in Erwartung einer Zukunft, in der es von allem noch viel mehr gibt), mit einem skurrilen Nebeneinander von Ramschladen und Luxusgeschäft. Trotzdem gibt es freilich bereits sehr viel. Internationale Marken. Modernste Elektroartikel. Handtaschen. Schmuck. Markentextilien.

Die Dinge, die es nicht oder nur sehr versteckt gibt, verraten umso mehr. Zum Beispiel Wäscheständer: Es ist einfacher, ein iPad zu finden, als einen Wäscheständer. Vietnamesen trocknen die Wäsche auf dem Balkon, auf Leinen. Sie im Zimmer zu trocknen, ist exotisch. Ameisenfallen: sehr wirksam, sehr hilfreich – in Vietnam seltsamerweise unbekannt. Körperlotionen ohne Weißel-Effekt: helle Haut ist Schönheitsideal. Warum es freilich Deoroller gibt, die die Achselhöhlen weißeln, ist mir bis heute schleierhaft. Küchenrollenständer: Mir ist von vietnamesischen Haushaltshilfen bekannt, die sich als Mitbringsel Holzständer für das Küchenpapier gewünscht haben.

Meine ganz persönliche Nummer eins der Dinge, die es nicht gibt, ist Kandis: Ich habe fünf Jahre gesucht, bis ich durch Zufall auf einem Großmarkt Kandis entdeckt habe. Wer mich besuchen möchte, bringe mir bitte keine deutsche Schokolade mit, sondern Kandiszucker.

Kandiszucker! Entdeckt bei einer Tour durch den Großmarkt von Ho-Chi-Minh-Stadt.

Börse
Achterbahnfahrt

Im Jahr 2006 stieg der vietnamesische Aktienindex um 140 Prozent. Damals galt: Wer keine Aktien kauft, ist blöd. Gesprächspartner brachen plötzlich ab und sagten:»Du, 'tschuldigung, ich muss schnell heim, die Kurse der letzten Stunde am Computer nachprüfen.« Frauen brachten dicke Handtaschen ins Büro und erklärten:»Da sind die 300 Millionen Đồng (etwa 10.000 Euro) drin, mit denen ich gleich noch Aktien kaufe.«

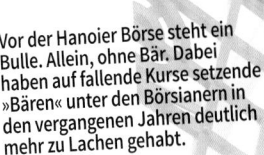

Vor der Hanoier Börse steht ein Bulle. Allein, ohne Bär. Dabei haben auf fallende Kurse setzende »Bären« unter den Börsianern in den vergangenen Jahren deutlich mehr zu Lachen gehabt.

Für etwa ein Jahr lang waren Aktien ein allseits anerkanntes Hobby. Jeder kaufte. Büroangestellte. Studenten. Arbeiter. Jeder, der ein wenig Geld zusammenkratzen konnte.

Dann fielen die Kurse. Von 1.000 Punkten auf 500 Punkte. Auf 400 Punkte. Auf 300 Punkte. Zwei Jahre später gab es keine aktienkaufenden Studenten mehr. Stattdessen Geschichten wie jene von Lan. Lan hatte keine Aktien gekauft und deswegen auch kein Geld verloren. Allerdings hatte ihre Tante, Buchhalterin bei einer vietnamesischen Firma, sehr viele Aktien gekauft. Da das Gehalt der Tante nicht sehr hoch, an der Börse aber sehr schnelles Geld zu verdienen war, hatte sie sich kurzerhand Geld geliehen: das aus dem Geldschrank ihrer Firma, von dem die Gehälter gezahlt werden sollten.

Plötzlich hatte die Tante ein sehr großes Problem, weil die Firmenangestellten ihr Geld wollten. Das befand sich aber nicht mehr im Safe. Es befand sich auch nicht mehr an der Börse, weil die Börse aus einer Milliarde Đồng innerhalb kürzester Zeit 20 Millionen Đồng (etwa 800 Euro) gemacht hatte.

Das Ende vom Lied: Lan musste ihrer Tante Geld leihen, damit die Tante nicht in Schwierigkeiten kam. Familie verpflichtet. Die Tante hat ihr natürlich versprochen, ihr das Geld zurückzugeben. Wenn die Kurse wieder steigen. Im Sommer 2014 stand der Index bei rund 600 Punkten. Einige ausländische Investoren jubelten angesichts zuletzt starker Anstiege über »fantastische Chancen«.

Zahlreiche vietnamesische Kleinanleger wissen es mittlerweile besser.

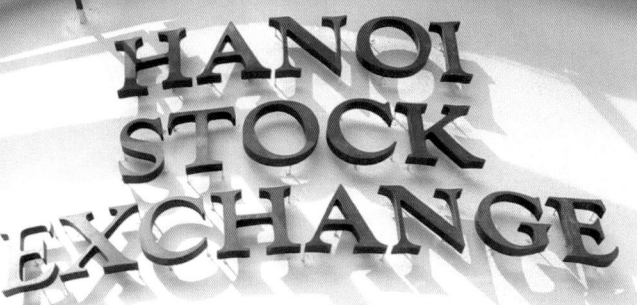

Kolonialzeit
Prachtbauten und philosophische Fragen

Die Franzosen kamen mit einigen falschen Hoffnungen nach Indochina. Sie wollten aus Saigon ein »zweites Singapur« machen (um mit den Engländern gleichzuziehen). Sie dachten, der Rote Fluss führe irgendwann nach China (schon damals ging es um Absatzmärkte). Sie hofften auf Profit (dabei entpuppten sich die asiatischen Kolonien jahrelang als ziemliche Geldvernichtungsmaschine).

Der Amerika-Krieg hat die Kolonialzeit etwas in Vergessenheit gedrängt. Dabei haben die Franzosen Vietnam ungleich stärker geprägt. Sie haben Hanoi architektonisch umgekrempelt und der Landwirtschaft im Süden des Landes einen bis heute gültigen Stempel verpasst. Sie haben durch ihre Herrschaftsmethoden einen jungen Mann namens Nguyễn Tất Thành dazu veranlasst, Vietnam zu verlassen und 30 Jahre später als Hồ Chí Minh (schon nicht mehr ganz so jung) zurückzukehren und die Revolution auszurufen.

Zwischen der Erzählung von brutaler Unterdrückung und prächtigen Kolonialbauten kommt eine Sache oft zu kurz: Die Ankunft der Franzosen setzte in Vietnam einen gesellschaftlichen Wandel in Gang. Eine ganze Generation junger Vietnamesen begann zu diskutieren, wie das Land auf die offenkundig so überlegenen Europäer reagieren sollte. Die Niederlage des vietnamesischen Königs stellte plötzlich auch die Hoheit der Väter, der Lehrer und der alten Werte in Frage. Literarisch und philosophisch gesehen sind die 1920er- und 1930er-Jahre eine der produktivsten

Das Rathaus von Ho-Chi-Minh-Stadt ist einer der klassischen Kolonialbauten Vietnams, wie sie vor allem im ehemaligen Saigon und in Hanoi noch zahlreich zu sehen sind. Jetzt allerdings umringt von Symbolen der Gegenwart. Vorne die Statue von Hồ Chí Minh, im Hintergrund ein Banken- und Versicherungsturm.

Zeiten Vietnams. Nicht alles davon war von Bestand. Aber manches kam damals ins Rollen.

Geplant hatten das die Kolonialherren sicherlich nicht. Am Ende, könnte man ironisch festhalten, setzten sie indirekt selbst die gesellschaftlichen Kräfte in Gang, die ihre Herrschaft schließlich zu Fall bringen sollten.

Hồ Chí Minh
Übersymbol

Das Hồ-Chí-Minh-Denkmal mitten in Saigon ist einer der am besten gesicherten Orte Vietnams. Mehrere Gruppen von Kameras sind von oben auf den Platz gerichtet. In der Vergangenheit haben gelegentlich Menschen versucht, das Denkmal zu beschmieren. Für manche im Ausland lebenden Vietnamesen steht Hồ Chí Minh symbolisch für all das, was sie an Vietnam verachten.

Vor dem Hồ-Chí-Minh-Mausoleum in Hanoi drängt sich jeden Morgen eine ellenlange Schlange aus wartenden Besuchern. Sie windet sich einmal um den Platz durch den Park, bis hinaus auf die Straße. Wäre der Ort ein Vergnügungspark, müsste am Ende ein Schild stehen mit der Aufschrift »Sie warten hier noch ... Stunden.« (Tatsächlich steht man meist höchstens eine Stunde an, weil im Inneren des Mausoleums niemand stehenbleiben darf).

Zwei Orte. Zwei Sichtweisen. Zwei Hinweise darauf, wie sehr der Revolutionskämpfer und der Präsident Hồ Chí Minh symbolisch aufgeladen wird. Von den einen wird er so glühend verehrt, dass ein böses Wort über ihn einem Staatsverrat gleichkommt, von den anderen wird er in teilweise absurdem Hass verantwortlich gemacht für Dinge, mit denen er gar nichts zu tun hat.

Versucht man all diese Symbolik abzukratzen, kommt darunter ein Mann zum Vorschein, der mehr Länder bereist hat, als alle vietnamesischen Zeitgenossen, der sich in der Welt auskannte und geschichtliche und politische Zusammenhänge messerscharf lesen konnte. Ihm ist es zu verdanken, dass Vietnam sich von der Kolonialherrschaft befreite, weil er mahnend darauf drängte, den richtigen Zeitpunkt abzuwarten. Dieser kam am Ende des Zweiten Weltkriegs, als die Franzosen von den Japanern geschlagen waren und die Japaner von den Amerikanern, so dass die Macht auf der Straße lag.

Hồ Chí Minh war überzeugter Kommunist und sicherlich überzeugter Machtpolitiker, aber kein Massenmörder. Sein wichtigstes Motiv blieb die Unabhängigkeit des Landes, der Sozialismus schien ihm dafür der beste Weg. Er warnte davor, durch überhastete Aktionen in Süd-

vietnam einen Krieg mit den USA heraufzubeschwören, stellte sich aber, als der Krieg ausbrach, bedingungslos vor sein Land. Als er durch den Vietnamkrieg überhaupt erst einer breiteren internationalen Öffentlichkeit bekannt wurde, war seine interne Macht allerdings bereits schon deutlich geschwunden, zugunsten einer jüngeren Politikergeneration um den ehrgeizigen Lê Duẩn.

Ein Hinweis zum Abschluss: Die Konsonantenkombination nh wird im Vietnamesischen ng ausgesprochen. Der alte Achtundsechziger-Ruf »Ho, Ho, Ho Chi Minh« lautet also korrekt ausgesprochen: Ho Chi Ming.

Das Hô-Chí-Minh-Mausoleum in Hanoi. Morgens ziehen sich hier lange Besucherschlangen entlang. Nachmittags und abends ist der Platz frei für Spaziergänger und Sportler. Deutlich ruhiger geht es am Denkmal im Hanoier Park zu, wo der bronzene »Onkel Ho« seinem Nachfolger Tôn Đức Thắng die Hand schüttelt (oben).

Hùng-Könige
Mythische Helden mit eigenem Feiertag

Im April 2007 erfuhren die Vietnamesen, dass sie demnächst einen neuen, nationalen Feiertag haben würden. Bereits etwa eine Woche später trat der Feiertag erstmals in Kraft. Seitdem wird jedes Jahr der Tag der Hùng-Könige gefeiert. Offiziell ist es der »Todestag« der Könige, was so klingt, als seien alle Könige am selben Tag gestorben.

Die Hùng-Könige sind ein Herrschergeschlecht, das in den tiefsten Urzeiten Vietnams regierte. Offiziell waren es 18 Könige, die 2796 Jahre regierten. Das ergibt pro König eine Regierungszeit von 155 Jahren und zwingt zu dem Schluss, dass das Leben früher offenbar einfach gesünder war.

Eine geschichtliche Erwähnung der Hùng-Könige, abseits von Volksliedern und Legenden, taucht erstmals im 15. Jahrhundert auf, als Vietnam mithilfe einer Nationalgeschichte die Unabhängigkeit von China betonten wollte. Der Gedanke liegt nahe, dass die Hùng-Könige dabei vor allem die Funktion hatten, die besonders lange – und eigenständige – Geschichte Vietnams zu betonen. Der erste Hùng-König ist der Sohn von »Drachenherr« Lạc Long Quân und einer Fee. Der Großvater regierte ein Königreich von Teufeln, dessen Vater wiederum war der chinesische Gott des Reisanbaus, die Mutter ein Sternbild. Alle zusammengenommen sind deutlich älter als der Urvater der Chinesen.

Alte Beweisstücke. Der tönerne Topf (linkes Bild) ist etwa 6.000 Jahre alt, die Bronzetrommel (rechts) mehr als 2.000 Jahre alt. Für die vietnamesische Geschichte war es immer wichtig, auf das eigene Alter gegenüber China hinzuweisen. Die Trommeln beweisen, dass etwa zur Zeit der Hung-Könige eine Zivilisation auf vietnamesischem Boden bedeutende Kunstgegenstände hervorbrachte.

Die Regierungszeit der Hùng-Könige fällt gegen Ende zusammen mit einer Epoche der vietnamesischen Geschichte, auf die viele heute besonders stolz sind. Aus der sogenannten Đông-Sơn-Kultur im vorchristlichen Jahrtausend sind einige besondere Kunstgegenstände erhalten: die vietnamesischen Bronzetrommeln. Sie legen nahe, dass es auf dem Gebiet des heutigen Vietnams Künstler gab, die ihre Werke bis weit über die Grenzen des Landes verkauften. Die teilweise noch heute erhaltenen Trommeln gelten überzeugten Patrioten damit als Beweis für die Existenz der Hùng-Könige und einer frühen vietnamesischen Hochkultur.

Vereinzelt erklären moderne Historiker nun vorsichtig, dass es vermutlich weitere Hùng-Könige gab, aber nur von 18 seien besondere Taten überliefert. Historiker außerhalb Vietnams wagen die Vermutung, bei den Königen handele es sich wohl eher um einen sehr lockeren Verbund von Stammesführern, ähnlich den Germanen. Die Politik ficht das nicht an, sie feiert weiterhin offiziell den Todestag der 18 Könige, und die Bevölkerung freut sich über den freien Tag. Es gibt schließlich außer Neujahr (siehe Seite 86) sonst nur vier.

Tết
Weihnachten, Neujahr und Geburtstag

Es wäre nicht übertrieben, *Tết* als »Weihnachten, Neujahr und Geburtstag an einem Tag« zu beschreiben. Genauer gesagt, wäre das sogar eine ziemlich exakte Beschreibung des wichtigsten vietnamesischen Feiertags.

Tết ist wie Weihnachten, denn *Tết* ist das Familienfest schlechthin. Es ist das Fest, an dem das ganze Land zur Ruhe kommt und die Familien gemeinsam an den Esstischen sitzen. Inklusive Festtagsbaum, der allerdings ein Pfirsichbaum mit rosaroten Blüten oder ein Kumquatbaum mit orangen Früchten ist. Und inklusive Gebet, denn an *Tết* wird den Ahnen gehuldigt.

Tết ist Neujahr. Es ist der erste Tag des neuen Jahres, begleitet von einer Myriade an Bräuchen und abergläubischen Regeln.

Fast wie Weihnachten. Nur dass der Baum im Wohnzimmer ein Pfirsichbaum mit rosafarbenen Blüten ist und die Kugel in der Glücksfarbe Rot auf das neue Jahr einstimmen soll. Statt rosafarbener Pfirsichblüten sind auch Kumquatbäume möglich. Außerdem wichtig: Eine neue Frisur (linkes Bild).

Drei Tage lang darf die Wohnung nicht gefegt werden (weil sonst das Glück hinausgefegt wird), und alles, was am ersten Tag passiert, hat Symbolwirkung für das ganze Jahr. Streit, böse Worte und Trunkenheit sind tabu (wobei das mit der Trunkenheit relativ ist). Ins neue Jahr geht man mit neuer Frisur, neuen Kleidern und ohne Schulden. Friseure sind wochenlang vorher ausgebucht, die Läden sind voll und wer seine Schulden nicht begleicht, der wird in Armut zugrunde gehen.

Tết ist auch Geburtstag. Für das ganze Land. Das Alter in Vietnam wird nach Jahrgängen gezählt, nicht ab dem konkreten Tag. Am Neujahrstag werden alle ein Jahr älter.

Tết heißt offiziell und korrekt übrigens *Tết Nguyên Đán*. Das sagt aber kaum jemand. *Tết* selbst steht einfach nur für »Fest«. Es ist aber nicht irgendein Fest. Es ist *das* Fest.

Der Tag nach Tết
Wenn Vietnam plötzlich anders ist

An diesem Tag ist nichts wie sonst. Dazu sollte man wissen: Es ist in Vietnam selten ruhig. Nicht an Feiertagen und schon gar nicht an Sonntagen, die hier völlig normale Geschäftstage sind.

An Neujahr (siehe Seite 86) ist das anders. An Neujahr kommt sogar die Hanoier Altstadt zur Ruhe. Das endlose Gewusel und Gewirr, das Zusammenspiel von verstopften Gassen, knatternden Zweirädern, vollgestellten Bürgersteigen, eifrigen Verkäufern, hektischen Touristen – es verstummt. Man wundert sich, wie breit die Gassen sind und wie bequem die Bürgersteige, die sonst gar nicht zu sehen sind. Einzig die Touristen laufen wie immer durch die Gegend, viele von ihnen etwas verwundert.

Der verblüffende Gegensatz zum sonstigen Treiben wäre ein Grund, jedem zuzurufen, an Neujahr nach Vietnam zu kommen. Das Problem ist: Es ist der einzige Grund. An Tết nach Vietnam zu kommen ist eigentlich eine schlechte Idee. Das Neujahrsfest dauert nicht nur einen Tag, es dauert mindestens ein bis zwei Wochen. In dieser Zeit wird nicht gearbeitet. Und wer arbeitet, der lässt sich dafür fürstlich entlohnen. In dieser Zeit wird zu Hause gefeiert, getrunken, gegessen, gequatscht und ferngesehen.

Es ist in den Tagen nach Tết sehr schwer, einen geöffneten Supermarkt zu finden. Und wenn, dann ist er sicherlich halb leer, weil keine frischen Waren geliefert wurden. Hotels sind unterbesetzt (weil alle bei ihren Familien sind), Museen und Restaurants sind geschlossen, die Transportmittel sind eingeschränkt.

So faszinierend es sein mag, Vietnam beim Ruhen zuzuschauen – im lauten, chaotischen, arbeitenden Vietnam lebt es sich deutlich besser.

Der Platz vor der Hanoier Oper ist normalerweise voll mit Motorrollern, Autos, Bussen, Cyclos und Fahrrädern. Ausnahme: Der Morgen nach dem vietnamesischen Neujahr.

Geschenkkorb
Wodka, Nuss und Lotoskern

In Europa ist er etwas aus der Mode gekommen. In
Vietnam dagegen hat der Geschenkkorb jedes Jahr
zum Neujahrsfest (siehe Seite 86) Hochkonjunktur.
Wer dann keinen Pfirsich- oder Orangenbaum auf dem
Motorroller spazieren fährt, hat zumindest einen
Fresskorb zwischen den Knien.

Die Körbe sind das typische Neujahrsgeschenk
für Firmenmitarbeiter und Geschäftspartner. Sie
stapeln sich vor dem *Tết*-Fest in Supermärkten
und Geschäften. Der Inhalt folgt strengen Regeln: Eine Flasche Alkohol gehört auf jeden Fall
dazu. An der Flasche lässt sich dann schön ablesen, ob das Budget der überreichenden Firma
klein (Hanoi-Wodka) oder groß (teurer Rotwein)
war.

Daneben findet sich fast immer eine große
Schachtel mit Keksen, die allein schon den Vorteil
hat, dass sie schön groß ist. Sie sorgt für Volumen
im Korb und protzt in irgendeiner schillernden
Farbe (Rot, Violett, Gelb ...). Dazu kommen dann
eine Handvoll kleinerer Schachteln. Im Normalfall
Tee (oder Kaffee), Süßigkeiten, Nüsse, Lotoskerne
oder Rosinen.

Nicht alles davon ist übrigens direkt zum Ver-
zehr gedacht. Manches landet auch geschwind auf
dem Ahnenaltar, der zum neuen Jahr sowieso komplett gesäubert und neu hergerichtet werden muss.
Auf den Altar gehören im Zweifelsfall ohnehin Gegenstände, die möglichst farbig sind, am besten in
den Farben Rot (Glück) oder Gelb (Wohlstand).

Eine ganz andere Frage ist, wie gut sich mit Korb
zwischen den Knien der Roller steuern lässt. Meistens ziemlich schlecht. Ist aber andererseits auch
egal, im Neujahrsverkehrsinfarkt kommt man sowieso nicht schnell voran.

Mücken
Warum die sirrenden Sauger an unser Blut wollen

Vietnamesische Legenden und Märchen haben für alles eine Erklärung.
Sie können beispielsweise erklären, wo die Mücken herkommen:
Mücken sind gierige Frauen.

Die Legende geht so: Ein vietnamesischer Bauer ist unsterb-
lich verliebt in seine wunderschöne Frau Nhan Diệp. Dummerweise ist Nhan Diệp gierig und faul zugleich, was er aber aufgrund seiner unsterblichen Liebe nicht merkt. Schließlich
stirbt die Angebetete, und der Bauer gibt aus Liebeskummer
sein Land auf, setzt sich auf ihren Sarg und treibt damit den
Fluss hinunter. Auf ihrer Reise begegnen sie einem Gott oder
Geist mit heilenden Kräften (für übernatürliche vietnamesische
Wesen gibt es im Deutschen keinen rechten Begriff, sie sind
meist etwas zwischen Gott und Geist). Dieser hat Mitleid und
verrät dem guten Bauern, wie er seine Frau wieder zum Leben
erwecken kann: mithilfe von drei Blutstropfen.

Leider war Nhan Diệp, gierig und faul, wie sie schon zu Lebzeiten war, ihre Wiedererweckung aber gar nicht wert. Was sich
auf der Rückreise zeigt: Das wiedervereinte Paar begegnet auf
dem Fluss einem reichen Händler. Der findet Nhan Diệp attraktiv, lädt sie auf sein Boot – und nimmt sie mit. So einfach geht
das, wenn Frauen gierig und faul sind. Der arme Bauer, abermals
verzweifelt und noch immer liebesblind, sucht seine Frau monatelang. Erst als er sie findet, geht ihm endlich ein Licht auf. Ihre
Antwort lautet nämlich sinngemäß: »Nö du, mir gefällt's hier
ziemlich gut. Der Kerl ist reich und ich muss nicht arbeiten, und
lieber ein reicher, hübscher Händler, als ein armer, hässlicher Bauer.«

Der Bauer, auf einen Schlag geheilt von seinem Liebeswahn,
tut das, was geschasste Partner immer tun: Er fordert seine Liebes-
beweise zurück. Also Liebesbriefe, Fotos, Schmuck, geschenkte
Autos und all dieses Zeug. Da das Paar keine Fotos und Autos besitzt, fordert er in diesem Fall nur seine drei Tropfen Blut.

Nachdem Nhan Diệp diesen Wunsch erfüllt hat, stirbt sie und
wird zur Mücke, die fortan suchend nach ihren drei Tropfen Blut
giert und unentwegt sirrend ruft: »Es tut mir leid, es tut mir leid, gib
mir mein Blut zurück!« Da Mücken so klein sind, verstehen wir das
nur nicht.

Vietnam ist geprägt von Flüssen, Tümpeln und Seen. Kein Wunder, dass hier so viele Mücken leben. Insofern ist es auch sehr folgerichtig, dass die Legende um die Entstehung der Mücke sich hauptsächlich auf einem Fluss abspielt.

Schweinevogel
Tiernamen auf Vietnamesisch

Was fliegt in der Luft und schreit wie ein Schwein?
Richtig – der Schweinevogel. Der heißt tatsächlich
so, zumindest auf Vietnamesisch: *chim lợn*. Wenn
es darum geht, Namen für Tiere zu finden, sind die
Vietnamesen mitunter sehr fantasievoll. Der Wal
heißt *cá voi* (»Fisch-Elefant«) und die Katze heißt
con mèo (»Miau-Tier«).

Wer anfängt, die eigene Sprache zu hinterfragen, merkt allerdings sehr schnell, dass es
auch da vor kreativen Namen wimmelt. Die
Fledermaus ist auch keine Maus und das See-
pferdchen sieht nur im oberen Teil aus wie
ein Pferdchen. Oder auch nicht. Die Vietnamesen nennen es nämlich Meeres-Egel.

Viel schwieriger ist es herauszufinden, um
welches Tier es sich denn nun genau handelt,
wenn man nur den vietnamesischen Namen
kennt. Der Schweinevogel entpuppte sich als
besonders mysteriöses Wesen, denn er schreit
nur nachts, und es bringt Unglück, ihn zu hören. Verschiedene Gesprächspartner senkten
die Stimme zum Flüsterton und sprachen von
tragischen Ereignissen, die ihnen widerfahren
seien, nachdem sie den Schweinevogel schreien
gehört hatten. Gesehen hatte ihn allerdings niemand. Meine erste, naheliegende Vermutung
war: Uhu. Aber der Uhu heißt auf Vietnamesisch *cú mèo* (»Miau-Vogel«), entweder weil er
nach Ansicht der Vietnamesen miau macht oder
weil seine Ohren wie die einer Katze aussehen.

Nach einem Jahr Suche stellte sich heraus:
Der Schweinevogel ist eine Schleiereule. Und bevor deutsche Leser sich jetzt weiter über den Namen Schweinevogel amüsieren: Trägt die Schleiereule etwa wirklich einen Schleier? Na also.

Wie sieht er aus, der Schweinevogel? Hat er einen Rüssel? Das Tier, das hier in den nordvietnamesischen Bergen im Sack transportiert wird, ist allerdings kein Schweinevogel, sondern nur ein gewöhnliches Hausschwein.

Sprachtöne
Steigend, fallend, steigend

Vietnamesisch ist eine tonale Sprache. Es macht einen Bedeutungsunterschied, ob man ein Wort hoch oder tief ausspricht. In europäischen Sprachen gibt es diesen Unterschied nicht, allerdings heben und senken auch Deutsche oder Engländer ihre Stimme, um ein Satzende zu markieren oder eine Frage zu stellen. Viele machen das völlig unbewusst.

Es ist genau diese Normalität, die zu Missverständnissen führt. Für viele Europäer ist ein steigendes á »sowas ähnliches« wie ein fallendes à. Sie verstehen nicht, warum die Vietnamesen sie nicht verstehen, wenn sie den Ton nicht exakt treffen. Für Vietnamesen aber ist der Unterschied zwischen bàn und bán genauso groß, wie für uns der Unterschied zwischen Welt und Wild oder Wild und Wald oder zwischen schwül und schwul.

Vietnamesisch hat sechs Tonalzeichen. Das sind mehr als im Thailändischen oder Mandarin. Neben steigend oder tief gibt es auch einen Ton, der hoch beginnt, dann fällt und dann wieder steigt (und das alles in einer einzigen Silbe) sowie einen Ton, der steigt, knackt und nochmal steigt (ebenfalls auf einer einzigen Silbe). Die beiden sind äußerst fies.

Der Grund für die Töne hängt mit einer weiteren Spracheigenschaft zusammen:

Man Stel Le Sich Vor Al Le Wör Ter Hät Ten Nur Ei Ne Sil Be.

Genauso ist nämlich Vietnamesisch. Es gibt keine zweisilbigen Worte. Stattdessen gibt es viele aus mehreren einsilben Begriffen zusammengesetzten Worte. *Mắt cá chân* zum Beispiel ist der Fußknöchel und heißt wörtlich »Auge-Fisch-Bein«, beziehungsweise »das Fischauge am Bein«. Bei genauerer Betrachtung sehr einleuchtend, oder?

Für alleinstehende Silben gäbe es zu wenig Variationen, um sich exakt auszudrücken. Im obigen Beispiel taucht schon zweimal die Silbe Le auf. Schon allein deswegen sind mehr Vokale und mehr Töne sinnvoll. All das ist freilich ein schwacher Trost für alle, die es einfach nicht schaffen, elf Vokale multipliziert mit sechs Tönen korrekt auszusprechen. Und dann aus alter Gewohnheit immer noch am Ende des Satzes mit dem Ton runtergehen. Was fatal ist. Schließlich ändert das eventuell die Bedeutung des letzten Wortes. Wer möchte schon gerne »Tisch« sagen, wenn er »verkaufen« meint. Verstehen Sie jetzt, warum die Vietnamesen uns nicht verstehen?

G KHÁM BỆNH TƯ NHÂN CHUYÊN KI

RĂNG HÀM MẶT

/ 2009

TEL:

ẮN CHỈNH RĂNG

CỐ ĐỊNH

R THẨM MỸ

RUỒI, TÀN N

Eine Orthopädiepraxis in Hanoi wirbt mit Bildern von Zahnspangen. Deutlich zu sehen sind die Vokale mit den zwei schwierigsten Tonalzeichen, dem »umgedrehten Fragezeichen«, das erst steigt, dann fällt und dann wieder steigt, und der Tilde, die einen fallend-steigenden Knacklaut ausdrückt.

Quốc Ngữ
Einfache Schriftzeichen

Einen Vorteil hat Vietnamesisch: Es ist, wenn schon nicht einfach auszusprechen, dann doch zumindest für Europäer einfach zu lesen. Das ist einigen historischen Zufällen zu verdanken, allen voran den portugiesischen und französischen Missionaren. Der Bekannteste ist der Franzose Alexandre de Rhodes, der sich angeblich die Landessprache innerhalb von sechs Monaten beibrachte. Für alle Vietnamesisch lernenden Ausländer ein etwas einschüchterndes Vorbild.

De Rhodes verfasste das erste vietnamesische Wörterbuch komplett in lateinischer Schrift. Daraus entwickelte sich die bis heute gängige Schrift *Quốc ngữ* mit 29 Buchstaben. Die Trophäe für den verwirrendsten Buchstaben gewinnt eindeutig das D, das nicht D ausgesprochen wird, sondern, je nach Landesteil, S oder J.

Vorher waren in Vietnam chinesische Schriftzeichen in Gebrauch. Diese wurden im Laufe der Jahrhunderte so sehr angepasst und abgewandelt, dass selbst Chinesen Schwierigkeiten hatten, viele der Worte zu entziffern. Bis heute sind an manchen alten Gebäuden noch Inschriften in dieser vietnamesisch-chinesischen Schrift zu sehen.

Die Franzosen griffen zur Kolonialzeit die lateinische Schrift der Missionare gerne auf. Auch die kommunistische Partei behielt nach der Unabhängigkeitserklärung 1945 die »fremden« Schriftzeichen bei. Die Politiker erkannten schnell, dass die lateinische Schrift sich deutlich schneller lernen ließ, was ihnen wichtig für die Alphabetisierung des Landes schien. Verloren gingen bei der Zeichenumstellung allerdings alle Bedeutungsnuancen der alten Zeichen. Mitunter kam es auch in der neuen Schrift zu identischen Wörtern mit verschiedenen Bedeutungen. Immer wieder äußern sich heute Wissenschaftler bedauernd über die Tatsache, dass junge Generationen ihre eigene Vergangenheit nicht lesen können.

Für viele westliche Ausländer ist es freilich ein Segen. Wenn das Wort nicht gerade ein Đ enthält oder ein Ơ oder ein Ư.

ĐÈN ĐỎ
DỪNG LẠI

Crashkurs in vietnamesischer Aussprache: Die beiden durchgestrichenen Ds sind »echte« Ds. Das D von *dung* hingegen wird S ausgesprochen. Das U mit Haken an der Seite wird wie eine Mischung aus Ä und Ö gesprochen.

William Cường
Zu Besuch bei einem Phantom

Wenn die Arbeitskollegen erklären, die fehlende Mitarbeiterin treffe sich gerade noch schnell mit William Cường, dann handelt es sich dabei nicht um einen neuen Angestellten. Es wäre auch zu merkwürdig, dass dieser William an so vielen Orten gleichzeitig ist und sich mit so vielen Vietnamesen trifft.

Das vietnamesische Alphabet kennt die Buchstaben J und F nicht, und vor allem gibt es kein vietnamesisches Wort mit W. Deswegen muss der englische Name William für die Umschreibung einer auch in Vietnam geläufigen englischen Abkürzung herhalten: WC. »William Cuong zu besuchen«, heißt also nichts anderes, als aufs stille Örtchen zu verschwinden.

Witzigerweise klingt auch das klassische vietnamesische Wort für Toilette ein klein wenig wie WC: *vệ sinh*. Es hat in diesem Fall aber gar nichts damit zu tun, denn *vệ sinh* bedeutet einfach nur »Hygiene«. Das wiederum finden mitunter nicht nur Vietnamesen amüsant, denn mit Hygiene haben sehr viele öffentliche Toiletten erschreckend wenig zu tun. Vor allem Seife scheint ein Utensil zu sein, das als überflüssig angesehen wird.

Mittlerweile haben moderne Wasserspüler die alten »französischen« Versionen mit dem Loch im Boden großflächig abgelöst. Ähnlich wie in China gibt es bisweilen allerdings ein Problem: Vietnamesen vom Land wissen oft nicht, dass man sich auf die Toilettenbrille nicht mit den Füßen hockt, sondern hinsetzt. Wobei es den durchaus gültigen Einwand gibt, die Brillen seien gelegentlich so unglaublich verdreckt, dass Hocken die sinnvollere Alternative ist.

Nicht wenige Männer halten William Cường übrigens offenbar für einen sehr langweiligen Zeitgenossen. Statt sich mit ihm zu treffen, urinieren sie lieber an die Hauswand oder die nächste Mauer.

Auf diesem Bild ist William Cường zu sehen. Allerdings ist es nicht der Mann auf der linken Seite, sondern der weiße Gegenstand auf der rechten Seite. Humor beweist ein Café-Betreiber in Hanoi, der sein Café so genannt hat (Bild unten).

Amerika
Wie sich George Bush beliebt machte

Bisweilen haben Amerikaner Bedenken, sich gegenüber Vietnamesen als Amerikaner auszugeben. Krieg und Vergangenheit und so. Diese Sorge ist relativ unbegründet. Im Gegenteil, viele Vietnamesen lieben Amerika. Die Popkultur und das Unterhaltungsamerika, versteht sich. Die Universitäten. Das Business. Den Dollar. Es gibt bis heute keinen McDonald's in Hanoi, aber das ist so ziemlich das Einzige, was noch zu fehlen scheint.

Es gibt junge Vietnamesen, die in Second-Hand-Armeeklamotten mit US-Fahne durch die Straßen schlendern, und keinen scheint es zu stören. Dazu sollte man wissen: Historisch gesehen waren die Vietnamesen niemals so xenophob wie manch andere Völker. Das Land war immer gut darin, fremde Ideen zu übernehmen. Wenn sie passten. Falls nicht wurden sie auch einfach etwas angepasst. Das gilt für Religion und Politik genauso wie für Essen oder Architektur.

Dieser junge Mann aus einer nordvietnamesischen Provinz möchte mit seiner Kleidung kein politisches Statement setzen. Er findet sie einfach nur schick.

Ganz nüchtern betrachtet, geht es heute auch um Geld. Amerikaner kommen als Touristen, Investoren, Geschäftsleute. Sie bringen Geld, sie sind willkommen. Insofern sollte sich auch niemand wundern, wenn amerikanisches und vietnamesisches Militär heutzutage gemeinsame Übungen abhalten. Wundern sollte man sich aber auch nicht, wenn das den Chinesen überhaupt nicht recht ist.

Gelegentlich mahnt ein US-Bericht die Einhaltung der Menschenrechte an, dann zeigt sich Vietnam verärgert, aber selbst das heißt nicht, dass die US-Regierung als solche unbeliebt wäre. Sogar George Bush war beliebt. Er war nämlich hier. Das trug erheblich zur Beliebtheit bei. Beim APEC-Gipfel 2006, der asiatisch-pazifischen Wirtschaftskonferenz, zwängte er sich für das Abschiedsfoto in einen vietnamesischen *áo dài* (siehe Seite 104), die enganliegende vietnamesische Nationaltracht. Der *áo dài* war himmelblau, und weil er so eng ist, sah man einen deutlichen Bauch. Bush wirkte in diesem Moment nicht wie ein mächtiger Mann. »Ach, ist der süß!«, hauchte eine Vietnamesin mittleren Alters neben mir.

Áo dài
Konservative Erotik

Eine Erklärung gleich vorweg: Das vietnamesische D wird gesprochen wie ein stimmhaftes
S, in Südvietnam eher wie ein J (siehe
Seite 98). Wir reden im folgenden Abschnitt
also über den *ao sai* oder den *ao jai*.

Der *áo dài* ist neben Strohhut und Reisfeld vielleicht das bekannteste Symbol
für Vietnam. Heerscharen von vietnamesischen und ausländischen Schriftstellern
haben »die zierlichen Frauen in den weißen, anschmiegsamen Nationalkleidern«
besungen. Das raffinierte am *áo dài* ist dabei auch, dass er einen Hauch von Erotik
mit gleichzeitig streng konservativem
Aussehen paart. Das Kleid sitzt zwar einerseits eng am Körper, ist aber gleichzeitig hochgeschlossen und zeigt keine Haut.
Der um die Beine fallende Stoff wird durch
eine schlichte Hose ergänzt.

Trotz seines Status als Nationaltracht ist
der *áo dài* relativ jung und erst in den
1930er-Jahren entstanden. Damals galt er
noch als aufsehenerregend freizügig. Er
war von Anfang an eher ein Gewand der
Städter.

Ausländer, die sich einen *áo dài* zulegen
wollen, stellen meist schnell fest, dass der
enge Schnitt einen entsprechend schlanken
Körper verlangt. Einer der Gründe, warum
der Dress heutzutage auch fast nur noch von
Frauen getragen wird (obwohl eine männliche Variante existiert).

Der exotisch-summende Name *ao sai* oder
ao jai entpuppt sich übrigens in der Überset-
zung als ziemlich banal. Er bedeutet einfach
nur »langes Kleidungsstück«.

Der *áo dài* findet heutzutage vor allem als Geschäftsuniform Verwendung oder bei Feierlichkeiten, wie hier bei den rotgekleideten Brautjungfern einer Verlobungsfeier in Hanoi.

Misswahlen
(Fast) jede eine Schönheitskönigin

Die erste Schönheitswahl in Vietnam fand 1988 statt. Damals gewann die Siegerin als Hauptpreis ein Fahrrad. Heute ist die Wahl zur »Miss Vietnam« ein Fest für Sponsoren bei dem bis zu 500 Millionen Đồng (etwa 20.000 Euro) verteilt werden. Die Grenze nach oben scheint offen.

Die ganze Nation wirkt seit einigen Jahren im Schönheitsköniginnenfieber. In einem Land, in dem es bis heute keine leichtbekleideten Frauen auf Werbeplakaten gibt, mutet dieser kollektive Taumel nach endlosen Reihen von Frauen im Bikini ein wenig seltsam an. Oder vielleicht ist genau das die Erklärung. 2008 fand erstmals eine internationale Misswahl (»Miss Universe«) in Vietnam statt. Lady Gaga kam (kurz bevor sie zum Weltstar aufstieg). Das Fernsehen sendete tagelang Live-Berichterstattung aus dem Austragungsort Nha Trang, und die Begeisterung wurde nicht einmal dadurch getrübt, dass eine Venezolanerin den Sonderpreis für den besten Auftritt im vietnamesischen Nationalkostüm *áo dài* gewann.

Mittlerweile ist die Zahl der Wettbewerbe ins Unübersichtliche gestiegen: Es gibt Miss Vietnam, Miss Universe Vietnam, Miss Ethnische Minderheit, Miss Tourismus, Miss In-Übersee-lebend-Vietnam, Miss Küstenregion, Miss Hùng-König-Tempel, es gibt keine Miss, die es nicht gibt. Spötter sagen, man brauche nur vor die Tür zu gehen, um eine Schönheitskönigin zu treffen.

Der vietnamesisch-österreichische Designer La Hong beim »Wiener Wohltätigkeitsball« in Hanoi, umringt von vietnamesischen und österreichischen Schönheitsköniginnen. Auch für vietnamesische Models gilt der Grundsatz: Auf die Körpergröße kommt es an.

Geschlechterrollen
Von Frauen und Bären

Es war einer dieser Cartoons, in denen Tiere auftauchen. Ein ganz normaler Zeichentrickfilm für Kinder also. Trotzdem war der sechsjährige Junge irritiert. »Das ist nicht logisch«, sagte er und zeigte auf die Mattscheibe.

Im Fernsehen war ein Bär zu sehen, der vor einer Schulklasse an der Tafel stand und etwas erklärte. Nun, in der Tat: Bären im Klassenzimmer sind nicht ganz logisch. Der eine oder andere wird sich zwar an besonders behaarte Lehrer erinnern, aber zum echten Bär fehlt dann doch noch ein Stück.

»Nun ja«, wandte die Mutter zögernd ein. »Auf den Bänken sitzen ja auch keine Menschen, sondern Tiere aus dem Wald.«

»Nein, nein«, sagte der Junge und schüttelte den Kopf. »Die Frau Lehrerin ist ein Mann. Sowas gibt's doch gar nicht.«

In der Tat: 80 Prozent aller Lehrer in Vietnam sind weiblich. Die Pädagogik-Fakultät ist voller Studentinnen. Die ersten Experten sorgen sich jetzt, dass dies bei vietnamesischen Kindern zu falschen Rollenvorstellungen und nachteiliger Erziehung führen könne. Vor allem Jungs seien in einer rein weiblich dominierten Umgebung benachteiligt, argumentieren Studien der Unesco. Eine Argumentation, die konservative Vietnamesen wiederum mit den Köpfen schütteln lässt, weil ihrer Meinung nach Männer in der Erziehung nichts zu suchen haben. »Männer sind nicht geduldig genug mit Kindern«, lautet beispielsweise ein Argument. Ein weiteres, besonders schönes: »Lehrer ist ein sehr einfacher Job. Deswegen ist er gut für Frauen, da können sie sich nebenbei noch um ihre Kinder kümmern.« Sagte ein Vertreter aus dem Bildungsministerium. Deutsche Lehrer hätten wahrscheinlich schon das Ministerium gestürmt.

Vielleicht könnte Vietnam übrigens ein Blick ins Nachbarland Kambodscha schon helfen. Dort sind 60 Prozent aller Grundschullehrer männlich. Echte Bären sind allerdings sicherlich keine dabei.

Die Lehrkraft, welche die Klasse 4C beim Verlassen der Schule begleitet, ist eine Frau. Natürlich. Männliche Lehrer sind in Vietnam so selten, dass sogar schon Hilfsorganisationen Alarm schlagen.

Frauentag
Blumen für die Liebste

Vietnamesische Frauen haben gleich zweimal im Jahr Frauentag. Einmal den international üblichen und dann noch den »Tag der vietnamesischen Frau«. Beide Tage bestehen im Wesentlichen darin, dass die Männer den Frauen Blumen überreichen und Medien und Politiker für einen Tag lang den besonderen Stellenwert der Frau loben. Eine der Folgen ist, dass sich an jenem Tag die Preise für Blumen schlagartig verdoppeln und abends alle Blumenläden ausverkauft sind.

Blumen gibt es am Frauentag für alle Frauen, die man kennt. Das schließt nicht nur die Geliebte mit ein, sondern auch die Mutter, die Schwiegermutter und die Kolleginnen. Die Liebste kann

sich damit trösten, dass es neuerdings auch der Valentinstag auf seinem internationalen Siegeszug um die Welt in den vietnamesischen Kalender geschafft hat. Zumindest am Valentinstag also hat sie den Mann für sich.

Bürogemeinschaften gehen am Frauentag gemeinsam Essen. Die Männer zahlen. Anschließend packen die Frauen die Reste ein, weil sie vorausschauend schon ans Abendessen denken. Da müssen sie ja schließlich kochen.

So weit geht Frauentag dann doch nicht.

Die Frauen gehen gemeinsam aus, die Männer zahlen.

Kochgeschichten
Schwiegertochter in Nöten

Eine junge Frau, die nicht kochen kann, ist im traditionell eingestellten Vietnam gewissermaßen eine Todsünde. Deswegen präsentiert uns die folgende volkstümliche Erzählung eine solche Frau in der schlimmstmöglichen Situation: Sie hat gerade geheiratet, sprich, sie ist gerade in das Haus ihrer Schwiegereltern eingezogen. Die Schwiegermutter versucht nun zu retten, was zu retten ist und will der jungen Frau das Kochen beibringen.

Sie fängt deshalb sehr simpel an: Die Schwiegertochter soll Gemüse kochen. Topf mit Wasser, Gemüse rein, warten, fertig. Sagt vermutlich einiges darüber aus, auf welchem Niveau die Schwiegermutter die Kochkünste der jungen Frau vermutet. Die Schwiegertochter tut, wie geheißen, und als das Gemüse eine Zeitlang kocht, stellt sie fest, dass das Gemüse geschrumpft und eingegangen ist. Die junge Frau, die offenbar nicht nur noch nie in ihrem Leben gekocht, sondern auch noch nie einen Topf mit Gemüse gesehen hat, fängt an, bitterlich zu weinen.

Bis die Mutter in die Küche gestürmt kommt, sich verdutzt die Situation erklären lässt und ihr dann lachend erklärt, das sei doch alles ganz normal, Gemüse schrumpfe nun mal im Topf. So weit, so gut. Erster Teil des Kochkurses überstanden. Am nächsten Tag wird es dann eine Stufe anspruchsvoller: Die Schwiegertochter soll fünf Eier kochen. Wasser aufsetzen, Eier rein, warten, fertig.

Sie tut wie geheißen (und die Mutter scheint abermals die Küche zu verlassen, offenbar eine sehr beschäftigte Schwiegermutter, so ein Ei dauert ja eigentlich nicht allzu lange). Nachdem die Eier kochen, stellt die junge Frau fest: Hm, diesmal sind es immer noch genauso viele wie vorher. Also isst sie schnell zwei Eier auf. Schwiegermutter kommt zurück, fragt erstaunt, wieso aus den fünf Eiern denn plötzlich drei Eier geworden sind, und die Schwiegertochter antwortet: »Die Eier sind eingegangen.«

Die Moral von der Geschicht? Wer nicht weiß, wie man Gemüse kocht, der sollte möglichst vermeiden, in eine vietnamesische Familie einzuheiraten.

Eine Küche in Ho-Chi-Minh-Stadt. Die Frau am Herd kann vermutlich sehr gut kochen. Andererseits ... wer weiß das schon? Schließlich sitzt im Vordergrund eine ältere Frau und passt auf. Wie in unserer Geschichte.

Junge Großmutter
Die Vietnamesen haben für jeden Verwandten einen Namen

Eine meiner ehemaligen Mitarbeiterinnen erklärte mir, sie sei eine junge Großmutter. Damals war sie gerade 28. Das erscheint nun selbst in einem Land, in dem relativ früh geheiratet wird, eigentlich unmöglich. *Bà trẻ* heißt der Begriff, gesprochen *ba tschä*, wörtlich übersetzt: junge Großmutter.

Allerdings beschreibt der Name nicht, was man denken würde. *Bà trẻ* ist der Name für die Schwester der Großmutter – die jüngere Schwester der Großmutter, um ganz korrekt zu sein. Die Vietnamesen nehmen ihre Familienverbindungen wichtig, deswegen gibt es im Vietnamesischen deutlich mehr Verwandtschaftsvokabeln als im Deutschen.

In diesem Fall also: Die Mitarbeiterin ist verheiratet. Ihr Mann ist ein paar Jahre älter. Er hat einen Bruder. Der ist nochmal ein paar Jahre älter. Der Bruder hat tatsächlich schon eine Enkelin, auch wenn sie erst zwei Jahre alt ist. Besagte Mitarbeiterin ist also, genau genommen, die Frau des Bruders des Großvaters. Im Deutschen wäre das die (angeheiratete) Großtante, aber das ist ungenau, denn es gibt noch einige andere Verwandten, die Großtanten sein können.

Die Vietnamesen sind da exakter: *bà trẻ*. Junge Großmutter.

Krieg
Last der Vergangenheit

Reden wir über Krieg. *Den* Krieg. Es scheint immer nur einen einzigen Krieg zu geben, wenn man über Vietnam redet. Dabei ist schon diese Annahme falsch, denn die vietnamesische Geschichte war keine friedliche. Über Jahrhunderte wurde Vietnam von China bedrängt, und wenn an der Nordfront mal Ruhe war, marschierte man selbst gegen »barbarische Völker« im Süden.

Der Krieg also. Der Vietnamkrieg. Der in Vietnam freilich Amerika-Krieg heißt. Der Krieg ist noch immer präsent in Vietnam. Er zeigt sich in einer Vielzahl von Museen, Denkmälern und historischen Schauplätzen, die zu Touristenattraktionen umgewidmet wurden. Er zeigt sich in den Kriegsinvaliden im Land (das Arbeits- und Sozialministerium trägt als dritten Bereichstitel den Begriff »Invalidenministerium«). Er taucht in seiner vielleicht schlimmsten Hinterlassenschaft in Form von Kindern auf, bei denen eine Dioxinvergiftung Erbschäden hinterlassen hat.

Der Krieg ist allerdings auch auf eine Weise, die manche Gäste überraschen mag, nicht sehr präsent in Vietnam. Er ist seit über 30 Jahren vorbei. Mehr als die Hälfte der vietnamesischen Bevölkerung ist nach dem Krieg geboren. Für die Jugendgeneration auf der Straße ist der Krieg Geschichte, manchmal auch staubtrockene Geschichte, von der sie im Schulunterricht die Nummern von Panzerverbänden auswendig lernen mussten. Der Krieg hat wenig mit der Gegenwart zu tun. Man sollte ihn nicht vergessen, aber man darf Vietnam erfahren und erleben, ohne dass dabei der Krieg im Vordergrund steht.

Vietnam ist kein Krieg. Vietnam ist ein Land.

Berühmtes Dach. Von diesem Haus aus flohen die letzten Amerikaner mit dem Hubschrauber aus der Stadt. Das Foto mit dem charakteristischen Dachaufsatz ging um die Welt, heute steht das Gebäude völlig unbeachtet im Schatten eines verglasten Büroturms.

Agent Orange
Gift im Körper

Nennen wir das Mädchen Hà. Hà ist 16 Jahre alt, sie sitzt im Rollstuhl, sie hat ein fröhliches Lächeln, und sie hat Träume. Ärztin möchte sie später werden, erzählt sie. Hà ist eines von 120 Kindern im »Dorf der Freundschaft«, einer Einrichtung am Stadtrand von Hanoi, die sich um dioxinvergiftete Kinder kümmert, gegründet von einem amerikanischen Kriegsveteranen, gestützt durch Spenden.

Mehr als 70 Millionen Liter dioxinhaltiges Entlaubungsmittel versprühte die US-Armee im Krieg über Vietnam. Das Ziel: den Guerilla-Truppen im Dschungel die Deckung und die Nahrungsgrundlage zu nehmen. Die Pflanzengifte lagerten in verschiedenfarbig gekennzeichneten Fässern. Zu Berühmtheit gelangte der Stoff aus den orangefarbenen Fässern: »Agent Orange«.

Agent Orange aber ließ nicht nur die Blätter von den Bäumen regnen. Es vergiftete auch die Menschen: Soldaten, die Wasser aus Flüssen tranken, oder sich von Früchten im Wald ernährten. Bauern, die noch Jahre später in der Nähe von ehemaligen Militärbasen lebten, wo das Dioxin tief in den Boden eingedrungen war. Viele ereilte ihr Schicksal erst später: totgeborene Kinder. Kinder mit Behinderungen, Deformierungen, psychischen Krankheiten, Epilepsie, Immunschwächen.

Die amerikanischen Chemiefirmen streiten bis heute einen Zusammenhang zwischen Agent Orange und diesen Behinderungen ab. Ein Gerichtsprozess konnte nie geführt werden, weil die US-Gerichte zwischen 2005 und 2009 mehrfach eine Sammelklage von Vietnamesen ablehnten: Verantwortlich für den Einsatz im Krieg seien nicht die Firmen wie Dow Chemical oder Monsanto, so die Argumentation, verantwortlich sei die US-Regierung. Die aber falle unter Staatenimmunität.

Damit bleiben bis heute hunderttausende Familien mit ihrer Tragödie allein. Familien, die behinderte Kinder großziehen müssen, was so viel Kraft und Einsatz erfordert, dass an die Arbeit in der Landwirtschaft kaum noch zu denken ist. Kinder, die an Krankheitsbildern leiden, bei denen Ärzte nicht weiterwissen. Mittlerweile leidet die dritte Generation in Vietnam an Dioxinvergiftung. Kinder, deren Großväter im Krieg waren.

Kinder wie Hà. Hà lernt im »Dorf der Freundschaft« den Umgang mit dem Computer. Andere Kinder werden zu Näherinnen ausgebildet oder lernen, wie man Seidenblumengestecke anfertigt. »Hilfe zur Selbsthilfe« lautet das Ziel. Die Kinder sollen später zurück in ihre Dörfer und dort trotz ihrer Behinderungen ihre Eltern unterstützen können.

Jugendliche lernen im »Dorf der Freundschaft« bei Hanoi das Sticken. Handwerksfertigkeiten wie diese sollen ihnen später helfen, sich selbstständig versorgen zu können. Fast alle hier leiden unter verschiedensten Behinderungen, hervorgerufen durch Dioxinvergiftung.

Als Hà mit anderen Kindern in ihren Wohntrakt zurückrollt, senkt ein Betreuer die Stimme zum Flüsterton: »Sie hat eine seltene Krankheit, eine Immunschwäche, für die wir keine Gegenmittel haben.« Er schweigt kurz.

»Wir fürchten, dass sie nur noch ein Jahr zu leben hat.«

Nguyễn
Der Allerweltsnachname

Wenn sich Ihnen ein Vietnamese mit dem Nachnamen Nguyễn vorstellt, dann fragen Sie ihn bitte nicht, ob er zufällig mit einem anderen vietnamesischen Bekannten namens Nguyễn verwandt sei.

Etwa 40 Prozent aller Vietnamesen heißen Nguyễn. In den meisten europäischen Ländern kommen die drei häufigsten Nachnamen gemeinsam auf höchstens etwa zehn Prozent. Warum der Name so häufig ist, darüber gibt es verschiedene Theorien. Beispielsweise, dass Königsdynastien ihre Gegner zwangen, den Namen Nguyễn anzunehmen, um die Erinnerung an andere Familien zu löschen. Als im 19. Jahrhundert tatsächlich eine Nguyễn-Dynastie an die Macht kam, wurde der Name attraktiv, um Vorteile zu erlangen. Heute heißt der Premierminister Nguyễn Tấn Dũng, der bekannteste Badminton-Spieler Nguyễn Tiến Minh und die erfolgreichste Miss-World-Teilnehmerin (Platz 15) Nguyễn Thi Huyễn. Die Hälfte der Spieler der vietnamesischen Fußballnationalmannschaft trägt den Familiennamen Nguyễn. Auf den Trikots steht der Name hingegen nicht. Dort steht stattdessen zum Beispiel: N. V. Phong.

Denn der Nachname steht am Anfang, wie in Asien üblich. Auch im Beruf stellen sich Vietnamesen oft mit dem Vornamen vor. Wer formal sein möchte, fügt eventuell noch den Mittelnamen hinzu. Man trifft deswegen kaum auf einen Herrn Nguyễn und Fußballspieler Nguyễn Vũ Phong heißt tatsächlich korrekt Herr Phong oder Herr Vũ Phong. Nationalvolksheld Võ Nguyên Giáp heißt ehrerbietig General Giáp und nicht etwa General Võ.

Der berühmteste aller Vietnamesen, Hồ Chí Minh, trug übrigens einen Künstlernamen, übersetzt in etwa: »der, der erleuchtet«. Um die Verwirrung komplett zu machen, spricht man deswegen von ihm nicht als Herr Minh, sondern von Hồ oder ehrwürdig von Onkel Hồ. Geboren wurde Hồ übrigens als, Sie ahnen es schon: Nguyễn Sinh Sắc.

… ỤYỄN CÔNG TUY…
NGUYỄN VIỆT CƯỜN…
HOÀNG MẠNH DƯƠN…
ĐINH VĂN LỆNH
NGUYỄN PHÚ LỰ
NGUYỄN VĂN NGUYỆ…
NGUYỄN THA…

Eine Gedenktafel in Zentralvietnam erinnert an die Opfer des Krieges. An solchen Orten wird sehr drastisch vor Augen geführt, wie häufig der Name Nguyễn in Vietnam ist.

Prostitution
Sing für mich!

Sie sind nicht weiter auffällig, die Frauen am Rand des Parks. Sie sitzen dort auf ihren Motorrollern und warten. Allerdings nicht auf Freundinnen oder Verwandtschaft – sie warten auf Kunden.

Prostitution ist verboten in Vietnam, und es drohen Strafen zwischen umgerechnet 10 und 200 Euro. Das bedeutet nicht, dass es käufliche Liebe nicht gibt. Wer genau weiß, wonach er suchen muss, entdeckt auch ihre Zeichen. Eher erfolglos ist die Suche nach stark geschminkten Frauen in auffällig knappen Kleidern. Viele Prostituierte in Vietnam kleiden sich, solange sie offen auftreten, unerwartet schlicht. Sie warten an der Straße oder sie sitzen als Friseurinnen in kleinen Läden, mitunter auch als Hostessen in Clubs. In Hanoi leuchten dann hinter blinden Fenstern rote Neonlichter. In Ho-Chi-Minh-Stadt, traditionell etwas freizügiger, zeigen sich sogar »Friseurinnen« offen hinter großen Glasscheiben. Wohlgemerkt: Nicht jeder »Herrenfriseur« und nicht jeder Massagesalon hat Angestellte mit weitergehendem Angebot.

Genaue Zahlen gibt es keine, die Behörden reden offiziell von 30.000 Frauen, was man wohl gerne mehrfach multiplizieren darf. 2012 erregte ein Fall Aufsehen, bei dem sich reiche Männer die Dienste mehrerer bekannter Models und Schönheitsköniginnen kauften. Die vietnamesische Presse druckte die Gesichter der Frauen ab, die Männer blieben unbekannt. Immerhin schaffte das vietnamesische Parlament im Sommer 2013 die bis dahin für Prostituierte übliche Strafe des »Umerziehungslagers« ab. Kurzzeitig wurde sogar eine Legalisierung von Sexarbeit diskutiert. Mittlerweile aber hat sich die Diskussion wieder gedreht. Kritisiert wird eine sich »ausbreitende Prostitution«, und verantwortlich gemacht dafür werden die »laxen Strafen«.

Ein deutscher Bekannter wurde einmal von eindeutigen Avancen regelrecht überrascht, weil er tatsächlich nur eine Massage wollte. Als er abwehrte, erklärte die Frau entsetzt, sie wisse aber gar nicht, wie man traditionell massiert. Auf die Frage, was sie denn sonst noch könne, antwortete sie: »Singen«.

Er bezahlte sie dafür, ihm ein vietnamesisches Lied vorzusingen und verließ dann das Etablissement.

Wenn Hanoier Massagesalons mit leichtbekleideten, hübschen Frauen werben und der Eingang blickdicht abgetrennt ist, darf man sich so seine Gedanken machen.

Mittelchen
Kräuter, Krallen und Hornissen gegen Zipperlein

In Vietnam erfreut sich die »traditionelle Medizin« noch immer sehr großer Beliebtheit. Darunter fällt allerdings alles mögliche. Gemeint sein können Kräuter, Pflanzen, Wurzeln, Pilze. Oder aus Kräutern und Pflanzen und Wurzeln und Pilzen gemixte Tees. Gemeint sein können aber auch tierische Zutaten von teilweise bedrohten Tieren.

Das umfasst die gesamte Palette, vor der dem Europäer gruselt: Köpfe, Krallen und Genitalien. Ohnehin scheinen Aphrodisiaka die beliebtesten Mittelchen zu sein. Man kann kaum irgendeinen »Alkohol mit [irgendwas] drin« trinken, ohne darauf hingewiesen zu werden, dass dies gut für die »Männlichkeit« sei. Deswegen findet man in Vietnam auch sehr viel Alkohol mit [irgendwas] drin. Dabei gilt offenbar: je gefährlicher, desto besser. Hornissen, Seesterne, Skorpione … Biologen fanden in Vietnam vor einigen Jahren eine bislang unbekannte Schlangenart. Leider nur in Alkohol.

In einem Hanoier Geschäft steht eine sehr große Flasche mit einem komplett eingelegten Bären. Sie haben richtig gelesen, nicht Beeren, wie bei Großmutter, sondern: Bären.

Auf dem Wochenmarkt von Bac Ha im nord-vietnamesischen Bergland werden Zutaten für traditionelle Medizin gehandelt. Darunter Gewürzholz, Tinkturen und Tierkörperteile.

Alkohol
Einer geht noch

Asiaten sind, einem Klischee zufolge, sehr maßvolle Trinker und werden sehr schnell betrunken. Klischees stimmen nur nicht immer, davon kann sich jeder selbst überzeugen, der mittags einer vietnamesischen Hochzeit beiwohnt. Nicht selten prostet sich am Nachbartisch schon um elf Uhr morgens eine Gruppe Männer zu. Sie mögen zwar hochrote Köpfe haben, aber sie trinken fleißig weiter.

Zugeprostet wird im Vietnamesischen mit »Ich wünsche dir Gesundheit!«. Eigentlich. Immer öfter wird dieser traditionelle Trinkspruch abgelöst durch das sehr viel banalere: »Eins, zwei, drei, *Jo!*«. »*Jo!*« bedeutet im südvietnamesischen Dialekt soviel wie »Hinein!«. Das Wort hat außerdem den Vorteil, dass man es betrunken noch wunderbar lallen kann.

Die meisten Vietnamesen machen sprachlich keinen Unterschied zwischen Wodka, Cognac oder Wein, alles läuft unter derselben Vokabel. Wichtige Ausnahme ist Bier *(bia)*. Familienfeiern, Feiertage aller Art und gemeinsame Firmenausflüge sind besonders alkoholgetränkte Angelegenheiten. Von den Wochenmärkten in den nordvietnamesischen Bergdörfern wird erzählt, dass die Männer sich gerne so betrinken, bis sie auf dem Rückweg zusammenklappen, woraufhin die Frauen geduldig am Wegrand stehen bleiben und ihren Männern mit dem Sonnenschirm Schatten spenden. Sollte eine Frau mit Schirm an der Straße stehen, handelt es sich also nicht um eine Anhalterin, sondern um eine sehr pflichtbewusste Ehefrau.

In den urbanen Gegenden bietet es sich an, Lastwagen auch deswegen ausweichen, weil man nie genau weiß, wieviel die Fahrer mittags schon getrunken haben. Aus demselben Grund empfiehlt es sich, an den Wochenenden abends möglichst vorsichtig über grüne Ampeln zu fahren.

Getrunken wird vor allem von Männern. Hier herrscht veritabler Gruppenzwang. Gäste müssen sehr, sehr einfallsreich sein, um gemeinsamem Alkoholkonsum zu entgehen. Eine Ausrede, die oft recht passabel funktioniert, lautet: »Meine Religion verbietet mir Alkohol.« Was nicht funktioniert, ist: »Ich bin krank« (da hilft Alkohol!) oder »Ich muss noch arbeiten/Auto fahren/nach Hause laufen« (ah, einer geht noch!).

Auf die Weisheit, dass Asiaten angeblich keinen Alkohol vertragen, sollte man sich also nicht verlassen. Auf manche mag das zutreffen. Das heißt aber nicht, dass sie nicht trotzdem kräftig zulangen.

Das *bia hơi*, die vietnamesische Variante des Biergartens, zeichnet sich durch kleine Plastikstühle und meist recht wässriges Bier vom Fass aus. Dafür wird dann gerne umso mehr getrunken.

Thuốc lào
Schriller Nikotinschock

Ein kurzes, schrilles Pfeifen begleitet den Atemzug aus dem Bambusrohr. Dann quillt eine kleine Rauchwolke aus den Lippen und für einen Augenblick verlieren die Augen des Mannes am Straßenrand den Fokus. Zu beobachten ist das Schauspiel vor allem um die Mittagszeit oder immer dann, wenn vietnamesische Arbeiter gerade mal Pause machen wollen – also eigentlich den ganzen Tag über.

Thuốc lào nennen die Vietnamesen den Tabak, der traditionell in der Wasserpfeife aus Bambus geraucht wird, »laotische Medizin«. Dahinter verbirgt sich *Nicotiana rustica*, in Deutschland auch als Bauerntabak bekannt. Eine Pflanze, deren Nikotingehalt um das Neunfache höher ist als bei herkömmlich verwendeten Tabakpflanzen.

Mit Medizin hat das in der Pfeife in Wasser gelöste Nikotin also nur wenig zu tun, auch wenn manche Vietnamesen darauf schwören, dass es bei der Verdauung helfe. Vor allem verursacht es einen sehr heftigen Nikotinschock, der mindestens mehrere Sekunden lang Schwindel erzeugt und ungeübte Raucher auch komplett vom Stuhl kippen lassen kann. Heutzutage filmen Jugendliche ihre Altersgenossen dabei mit der Handykamera. »Betrunken von *thuốc lào*« nennen die Vietnamesen das, und die Bilder gleichen in der Tat besoffenen Menschen. Vor der Zeit der Smartphones wurden die Szenen in kurzen Folkloregedichten beschrieben:

Raucht der Mann thuốc lào,
wird seine Frau betrunken.
Sein Diener kippt um,
und einer vorbeispazierenden Frau
ist noch drei Tage lang übel.

Man kann also von Glück sagen, dass die Laotenmedizin heute in den Städten nicht mehr ganz so häufig anzutreffen ist. Auf dem Land dagegen findet man sie noch recht oft, die Wasserpfeife. Während Zigarette rauchende Frauen übrigens vor allem in Nordvietnam noch immer als obszön angesehen werden, ist Wasserpfeifenrauchen gesellschaftlich für Frauen gestattet, gerade bei manchen Minderheitsvölkern in abgelegenen Gegenden.

Ein Cyclofahrer genehmigt sich zur Mittagspause eine Pfeife *thuốc lào*.

Ahnenaltar
Der Schrein der wahren Volksreligion

Ignorieren Sie bitte an dieser Stelle jeden Reiseführer und jede Webseite, die erklärt, die beherrschende Religion in Vietnam sei der Buddhismus. Das ist falsch. Die wahre Volksreligion ist die Ahnenverehrung. Der Glaube daran, dass die Vorfahren nach ihrem Tod weiterhin über Haus und Familie wachen. Kein anderer Glaube ist so tief in der Geschichte verankert, und kein anderer Glaube prägt den Alltag der vietnamesischen Familie so stark.

Sichtbarstes Zeichen ist der Ahnenaltar: ein Schrein, über dem Bilder der verstorbenen Vorfahren hängen, geschmückt mit Obst, Alkohol, Räucherstäbchen und anderen Opfergaben. In den mehrstöckigen Einfamilienhäusern befindet er sich meist im obersten Stockwerk, in den Wohnungen und Appartments auch mal mitten im Zimmer.

Die Ahnen sind dabei gute Gesellen, die allerdings schnell garstig werden können, wenn ihre Nachfahren sich nicht korrekt verhalten. Also gilt es, ihnen regelmäßig Familienneuigkeiten zu übermitteln und ihnen zu opfern. Die heilige Ernsthaftigkeit, mit der man sich, teils ehrfürchtig, teils liebevoll um die Altäre kümmert, hindert allerdings nicht daran, auch pragmatisch zu sein: Eine Whiskyflasche, die einige Wochen auf dem Altar stand, kann irgendwann auch auf dem Familientisch landen.

Dem Großvater hat sie ja offenbar auch geschmeckt.

Ahnenaltar einer Hanoier Familie. Geopfert werden Obst, Schnaps, Klebreis und Papiergegenstände. Die Räucherstäbchen unter den Bildern der Vorfahren sind schon deutlich abgebrannt.

Todestag
Wenn Verstorbene vorbeischauen

Viele ältere Vietnamesen kennen ihren Geburtstag nicht. Er ist nicht wichtig. Geburtsjahr und Tierkreiszeichen mögen eine Rolle spielen, der exakte Tag eher weniger. Seinen Geburtstag zu feiern und Freunde einzuladen, ist ein neuer Trend der modernen Generation. Fast jeder Vietnamese aber wird exakt den Todestag seiner direkten Vorfahren nennen können. Der Todestag ist bedeutsam.

Am Todestag den verstorbenen Vorfahren zu gedenken, ist Pflicht. Sonst werden die Seelen der Vorfahren sauer, und das möchte jeder gerne verhindern. Selbst Vietnamesen, die nicht an einen Himmel, ein Zwischenreich oder eine Geisterwelt glauben, feiern normalerweise den Todestag. Zünftig gefeiert wird ein solcher Tag mit Essen und Trinken und der engeren Familie. »Eng« heißt in diesem Fall allerdings durchaus auch entfernte Cousins und Großtanten.

Viele glauben, dass die Toten den Lebenden an einem solchen Tag ganz besonders nah sind. Alte Gedichte beschreiben, wie die Lebenden die Stimmen der Verstorbenen im Wind hören können. Manche erklären ihren Kindern auch, die Großeltern kämen heute »zu Besuch«. Zentraler Ort der Zeremonie ist der private Ahnenaltar und nur selten die Grabstätte. Gräber spielen eine ambivalente Rolle in Vietnam. Früher begrub man Verwandte gerne in der Nähe, noch heute lassen sich ver-

Grab in einem groß angelegten Friedhof der Provinz Thai Nguyen, der sich über mehrere Berghänge erstreckt.

einzelt Grabstätten in den Reisfeldern finden. Manchmal liegt darin allerdings auch ein Stück raumgreifende Grundbesitztaktik. Schon damals aber wurden Gräber seltener direkt aufgesucht. Heute haben alle großen Städte Zentralfriedhöfe. Der Körper des Toten und seine Ruhestätte sind nicht so wichtig wie der Ort, an dem die Seele lebt. Und das ist zu Hause.

Auch der Todestag wird konsequenterweise zu Hause gefeiert. Gäste und Familie versammeln sich auf dem Fußboden, der für große Gelage generell der beste Tisch ist. Den Geburtstag hingegen, dieses hippe, moderne Importfest, feiert man eher, indem man gemeinsam ausgeht.

Tote im Reisfeld. Manchmal kennzeichnen Familien ihr Land mit ihren Gräbern, manchmal nutzen Bauern auch einfach ungefragt das Land neben dem Friedhof.

Räucherstäbchen
Vehikel für Wünsche

Die Vietnamesen sind ein Volk von Zündlern. An den Altären der Pagoden, der Tempel und in den Wohnungen qualmt ständig Rauch. Darunter leiden in den Häusern auch so manche Deckenwände. Räucherstäbchen gehören dazu, bei jedem Gebet, bei jeder Bitte, jeder Botschaft an Götter, Geister und Ahnen. Denn der Rauch transportiert gewissermaßen die Worte der Lebenden in die Sphären der Heiligen und Toten. An besonders wichtigen Orten brennt deswegen auch schneckenförmig geringeltes Endlos-Räucherwerk.

Ein geringeltes »Endlosräucherstäbchen«. Weil der Stab mehrfach um sich selbst gewickelt ist, brennt er besonders lange. An wichtigen Stätten darf der Rauch nicht ausgehen.

Bei den Räucherstäbchen gibt es feste Richtlinien, wie viele brennen. Eine ungerade Zahl ist wichtig. Ein Stab steht für die Einheit, drei für das Gleichgewicht, sieben für Barmherzigkeit. Spirituelle Experten können Abende damit zubringen, zu erklären, zu welchem Anlass wie viele Stäbchen angebracht sind. Andere sehen es pragmatischer: Wer seine Hingabe ausdrücken will, indem er einfach ein ganzes Bündel Räucherstäbchen in den Sand steckt, der müsse nicht nachzählen, heißt es. In dem Fall genüge die symbolische Geste.

Wenn durch die Bürotür Rauchschwaden quillen, heißt das deswegen nicht zwangsläufig, dass das Haus in Flammen steht – vielleicht feiern die neuen Besitzer des Nachbarbüros vor ihrer Tür auch nur gerade ihre Einweihungsfeier und beschwören Glück für das neue Geschäft. Eigentlich macht man das draußen auf der Straße. Abergläubige Geschäftsleute sind bisweilen aber auch bissig entschlossen, auf gar keinen Fall dem ganzen Haus Glück herbeizuwünschen und zündeln stattdessen im Flur. Am Ende fällt sonst noch was auf die Konkurrenten ab!

Dieser Mann wärmt sich nicht an einer Mülltonne, sondern verbrennt zur Eröffnung eines neuen Hotels glücksbringendes Papier.

Papiergeld
... und andere Dinge aus Papier

Nicht nur Räucherstäbchen sorgen für Rauch, verbrannt werden auch Opfergaben, um als Geschenke in den Himmel aufzusteigen. Adressaten sind im Normalfall verstorbene Familienmitglieder. Die Idee dahinter ist, dass sich die Papiergaben im Jenseits in echte Gegenstände verwandeln. Folglich wird (falsches) Papiergeld genauso verbrannt wie Goldbarren aus Papier. Wer kreativer sein will, verbrennt gleich ganze Kleidungsstücke aus Papier, bis hin zu papiernen Fernsehern oder kleinen Papierhäusern.

Eine ganze Industrie ist damit beschäftigt, Papiergegenstände für die Opferverbrennung zu fertigen. In den Marktständen finden sich komplette Sets aus Hemd, Kamm, Schere, Telefon, Zigaretten und Brille für den Herrn oder Bluse, Parfüm, Telefon, Digitalkamera und Schmuck für die Dame. Einen leichten Kloß im Hals verursachen Hemden mit Mickymaus-Aufdruck für verstorbene Kinder. Aufwändigstes mir bekanntes Stück ist ein kompletter, lebensgroßer Motorroller, bis ins Detail gefertigt, mit Speichen und Rückspiegel aus Papier.

Bei einer Grenzkontrolle an der tschechisch-deutschen Grenze ging deutschen Polizisten im Frühling 2012 eine Gruppe mutmaßlicher Geldfälscher ins Netz. Erst die unglaublich schlechten Kopien und der Aufdruck »Ngân hàng Địa phủ« auf den Scheinen machten die Beamten stutzig. Übersetzt lauteten die vietnamesischen Worte: »Bank der Unterwelt«. Bezahlen kann mit diesen Euro

Alles, was Frau im Jenseits brauchen könnte: Hausschuhe, Schmuck, Gucci-Geldbeutel, Smartphone, Lippenstift und Digitalkamera.

höchstens der verstorbene Großvater eines in Europa lebenden Vietnamesen. Die »Geldfälscher« kamen unbeschadet davon, auf das Drucken von Höllengeld steht in Deutschland keine Strafe.

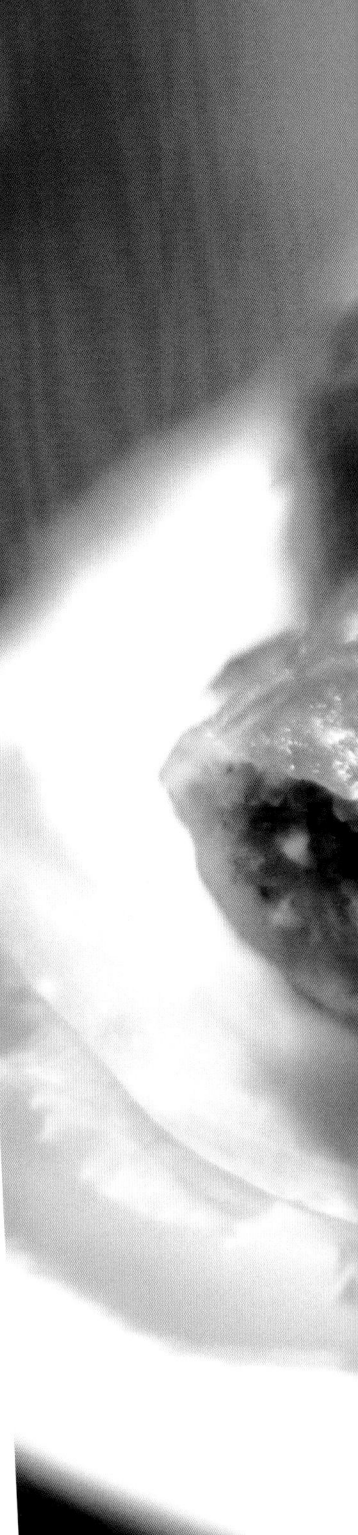

Nem
Frühlingsrollen rollen

Frühlingsrollen (auf Vietnamesisch: *nem*) sind in der Vorstellung der meisten Ausländer frittierte Teigtaschen, die mit allerlei Zeugs gefüllt sind. Tatsächlich gibt es vorzügliche frittierte Rollen, es gibt darüber hinaus aber auch Frühlingsrollen mit rohem Inhalt (Salat und Garnelen, umwickelt von Reispapier) oder mit fermentiertem Inahlt (Schweinefleisch, umwickelt von Bananenblättern) sowie Rollen zum Selberwickeln (mit Rindfleisch, Gurke, grüner Banane und Ananas). Rolle ist also nicht gleich Rolle.

Frittierte Frühlingsrollen sind übrigens einfacher zu machen, als man denken mag. Die Zutaten für die Füllung (Hackfleisch, Eigelb, Karotten, Glasnudeln, Pilze) sollten sich in jedem Haushalt finden lassen. Wichtig ist, das Ganze gut zu mischen und lange zu kneten, am besten mit der Hand. Knifflig wird es außerdem bei den dünnen, runden Reispapierfladen zum Einwickeln. Außerhalb von Vietnam tendieren sie dazu, zu trocken zu sein, weil sie zu lange durch die Welt gereist sind. Dagegen hilft ein Teller mit lauwarmem Wasser, auf den das dünne Papier vor dem Rollen gelegt wird. Außerdem wichtig: nicht zu viel Füllung. Anschließend: rollen, rollen, rollen und in viel Öl anbraten.

Für das authentische Geschmackserlebnis braucht es anschließend aber einen Dip aus Fischsoße, Zitronensaft und Gewürzen. Die genaue Zusammensetzung dieses Dips ist schwer zu beschreiben und hat mit sehr viel Weisheit und Erfahrung vietnamesischer Mütter zu tun. Damit bleibt es bei der frustrierenden Binsenweisheit, dass das Essen überall auf der Welt bei Großmutter am besten schmeckt. Wer keine vietnamesische Großmutter hat, dem bleibt nichts anderes übrig, als sich eine zu suchen.

Obst
Bunte Vielfalt

Wer einen vietnamesischen Mann nach seinem Lieblingsessen fragt, der erhält möglicherweise zur Antwort: »Obst.« Früchte zu essen, das ist in Vietnam nicht etwa »unmännlich«. Früchte gibt es das ganze Jahr über, sie werden überall auf den Straßen verkauft, auf den Märkten, in den Geschäften. Sie sind fester Bestandteil jedes Desserts. Leider bieten die meisten Hotel- und Geschäftsbüffets dabei eine immergleiche Mischung aus Melone, Drachenfrucht und Ananas. Dabei ist die Realität um so vieles bunter.

Es gibt Früchte, für die gibt es im Deutschen noch nicht einmal einen Namen. Die Litschi dürfte den meisten Europäern höchstens als eingelegte Dosenfrucht bekannt sein. In Vietnam ist sie so etwas wie die Erdbeere: eine der Früchte, auf deren (kurze) Saison man ein Jahr lang hinfiebert. Nach der Litschi-Saison folgt die Saison der Longans (ebenfalls mit schwarzem Kern und weißem Fruchtfleisch, aber herber im Geschmack) und der Rambutan (außen stachlig rot, innen fleischig weiß). Dann gibt es die Anone, die man nicht essen kann, ohne dass die Finger triefen und alle paar Sekunden ein Kern ausgespuckt wird. Es gibt die Drachenfrucht, deren äußeres feuriges Rot ein wenig mehr verspricht, als das innere wässrige, weiße Fruchtfleisch halten kann. Deutlich süßlicher dagegen die Mangostane, die sich am besten frisch aus der Schale löffeln lässt, oder die honigsüße Sapodilla. Faszinierend auch der Sternapfel, den man erst in der Hand kneten und massieren muss, bevor er genießbar wird – die Vietnamesen nennen ihn »Brustmilch-Frucht«. Nicht zu vergessen die Pomelo, eine Kreuzung aus Pampelmuse und Grapefruit. Und es gibt Bananen, Orangen, Mango, Guave, Sternfrucht und Papaya.

Und natürlich gibt es die berühmt-berüchtigte Durian, eine Riesenfrucht mit grünstacheligem Panzer, deren Geschmack bei Liebhabern einer Mischung aus Karamell, Sahne, Walnuss und Sherry gleicht – und bei Nichtliebhabern einer Mischung aus einer alten Schuhsole, ungenießbarer Milch und etwas, das zu lange im Ausguss lag. Die Durian leidet außerdem darunter, dass sie deutlich strenger riecht als sie schmeckt und dass ihr Geschmack mehr als einen Tag im Mund bleibt. Paare, bei denen einer gerne Durian isst und der andere nicht, werden auf eine harte Geduldsprobe gestellt: Küssen ist nach Duriangenuss für mindestens 24 Stunden nicht möglich.

Eine Hanoier Obsthändlerin vor ihrem Stand mit Melonen, Orangen und Äpfeln. Links unten die herzhaften Mangosteen, rechts die rotgrünstacheligen Rambutan.

Zitronensaft
Die Allzweckwaffe unter den Getränken

Es gibt in Vietnam ein Getränk, das funktioniert immer. Wer gerade nicht weiß, was er trinken soll, wem grüner Tee oder Kaffee zu stark sind, Cola zu süß, Wasser zu fad – der bestellt Zitronensaft. Jedes Café, jedes Restaurant serviert Zitronensaft. Dabei sei eines gleich zur Erklärung gesagt: Die Zitrone ist in Vietnam eine Limette. Ihr Geschmack vermischt Säure mit einem Hauch Süße und einer herbschweren Note.

Die Limette wird gepresst und mit Wasser vermischt. Dazu Eiswürfel, mehr braucht es gar nicht. Manche Vietnamesen fügen gerne noch Salz hinzu, viele Cafés servieren den Saft außerdem mit einer gehörigen Portion Zuckersirup. Ungesüßt schmeckt er deutlich besser – und erfrischender. Wer Zitronensaft bestellt, der bekommt auf jeden Fall frischgepressten Saft. Oder die Antwort: »Haben wir nicht.« Kein vietnamesischer Cafébesitzer käme auf die Idee, dem Gast stattdessen abgepackte Tütenware oder Softdrinks zu servieren. Zitronensaft ist Zitronensaft. Das ist, nebenbei gesagt, einer der großen gastronomischen Vorteile in Vietnam: Fruchtsaft ist in der Regel frischgepresst. Die Saftpresse ist Standardutensil. Mangosaft besteht aus Mangos, und ein Café, das etwas auf sich hält, bietet oft sogar eine ganze Variation an Fruchtsäften an. Geheimtipp: Passionsfruchtsaft. Leicht säuerlich, erfrischend, mit sehr süßem Eigengeschmack. Unbedingt ungesüßt trinken. Die Zauberformel lautet: »*Không đường!*« (»Kein Zucker!«). Die Ausnahme von der Regel machen oft ausgerechnet die großen Hotels, die bei ihren Büffets Tütenfruchtsaft anbieten.

Die Limetten sind übrigens klein, golfballgroß und leicht zu lagern. Auch deswegen gibt es überall Zitronensaft. Wer gerade keine Limette zur Hand hat, der findet sicherlich in der Nähe einen Straßenhändler.

Krankenhaus
Wo niemand länger bleibt, als er muss

Dass Vietnam auch ein armes Land ist, wird an den Straßenkreuzungen und in den Cafés nicht immer gleich sichtbar. Es lässt sich aber erkennen, wenn man ein öffentliches Krankenhaus betritt. Die Gänge dort sind oft überfüllt. Was nicht daran liegt, dass es zu wenig Ärzte gibt, sondern vor allem daran, dass das Land zu wenig Betten hat. Oft teilen sich im Krankenhaus drei oder vier Patienten ein Bett. Frisch Operierte dürfen tagsüber liegen, der Rest sitzt auf dem Boden – oder vor der Tür.

Wer Glück hat, wird von Familienangehörigen begleitet, die sich um den Kranken kümmern. Die Krankenschwestern haben dazu in der Regel keine Zeit. Die Angehörigen verbringen dann abwechselnd den Tag und die Nacht im Krankenhaus. Sie kümmern sich um das Essen und um einfache pflegerische Dinge. Das füllt die Räume und die Gänge noch mehr.

Nachts teilen sich oft zwei bis drei Patienten ein Bett, der Rest schläft unter dem Bett oder daneben. Wenn man weiß, dass viele Vietnamesen im Alltag oft freiwillig auf einer Matte auf dem Steinboden schlafen, macht es das etwas weniger schockierend. Aber nur etwas.

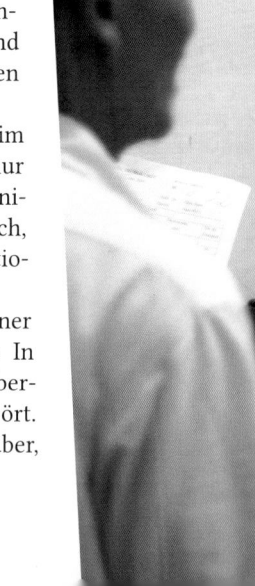

Krankenhäuser und Kliniken kümmern sich sowohl um stationäre als auch um ambulante Patienten. Private Ärzte gibt es vergleichsweise wenige. Die meisten von ihnen haben außerdem einen Hauptberuf: Sie sind Krankenhausärzte. Ein Krankenhausarzt muss manchmal während der Konsultation schnell noch ein paar dringende Fragen am Handy klären: Die privaten Kunden gehen vor.

Kaum verwunderlich: Patienten bleiben nur so lange im Krankenhaus, wie sie müssen. Und die meisten gehen nur dann zum Arzt, wenn es ihnen wirklich dreckig geht. Einige moderne Hochglanzkliniken gibt es mittlerweile auch, vorbehalten aber sind sie denen, die sich teure Konsultationen leisten können.

Zum jährlichen »Tag der Ärzte« erschien 2012 in einer örtlichen Zeitung die Klage einer Krankenschwester. In ihrem Krankenhaus war ein Bett mit zehn Patienten überbelegt worden. Die Krankenschwester zeigte sich empört. Allerdings nicht über die Überbelegung, sondern darüber, dass das gute Bett zusammengebrochen sei.

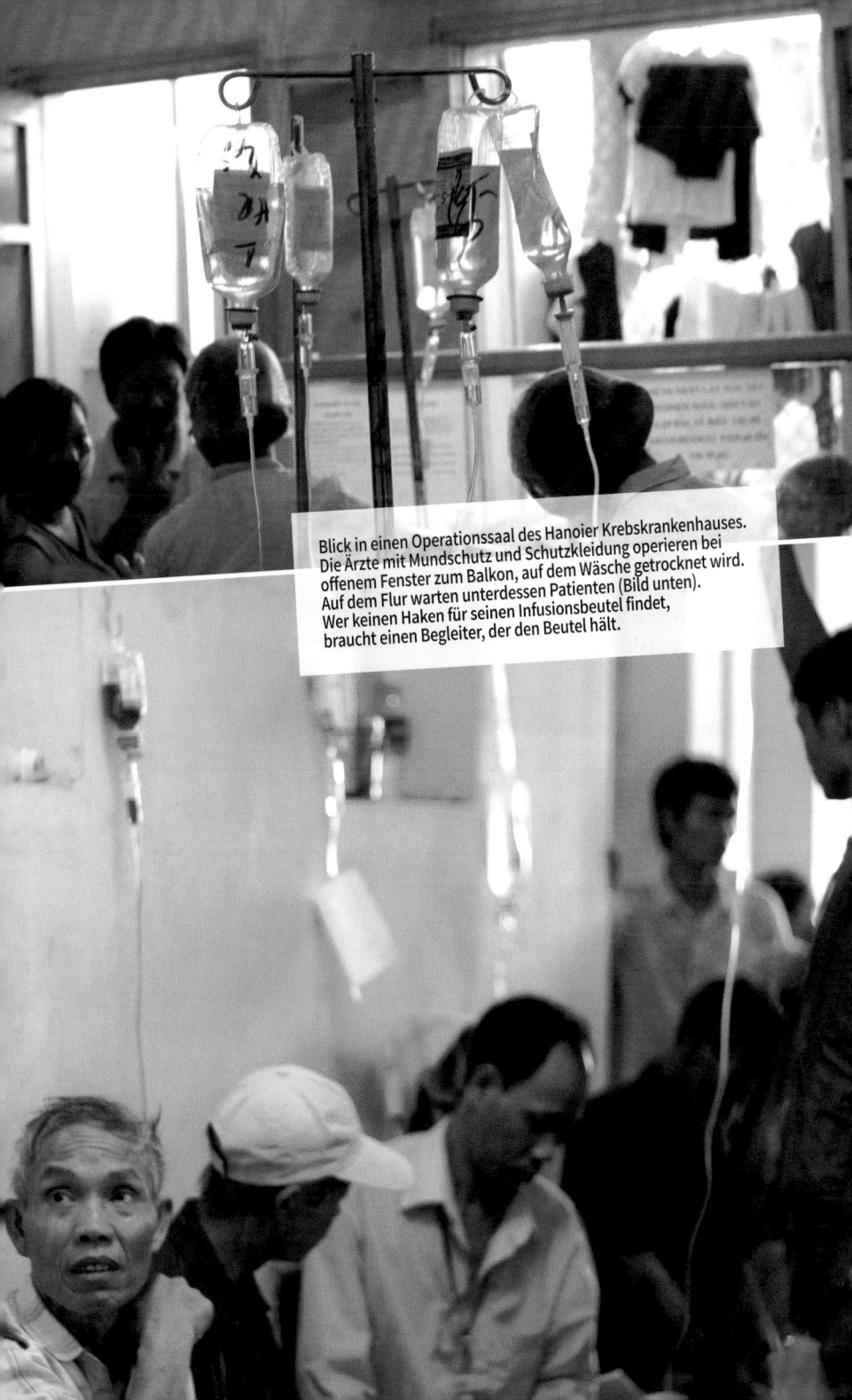

Blick in einen Operationssaal des Hanoier Krebskrankenhauses.
Die Ärzte mit Mundschutz und Schutzkleidung operieren bei
offenem Fenster zum Balkon, auf dem Wäsche getrocknet wird.
Auf dem Flur warten unterdessen Patienten (Bild unten).
Wer keinen Haken für seinen Infusionsbeutel findet,
braucht einen Begleiter, der den Beutel hält.

Landarzt
Kühe im Vorhof

Đỗ Văn Vân hat Zeit. Der Chefarzt sitzt in den offenen Räumen seiner örtlichen Krankenstation. Fünf Räume, keine Betten. Im Vorhof der Station grasen gerade zwei Kühe, die irgendeinem Nachbarn gehören. Van kümmert sich zusammen mit einer weiteren Ärztin und zwei Pflegerinnen um elf Dörfer im Umfeld. 8.000 Menschen insgesamt, verstreut über etwa 50 Quadratkilometer. »Fünf Patienten kommen so etwa pro Tag hier vorbei«, sagt er und nippt an einer Tasse grünen Tee. »Manchmal vielleicht auch zehn.«

Vân ist 50 Jahre alt, seit seinem Uni-Abschluss arbeitet er hier, er stammt aus der Gegend. Wie eigentlich das ganze Personal. Andere Ärzte würden hier kaum hinziehen. Vietnam leidet unter Fachkräftemangel auf dem Land. Es gibt hier nichts außer kleinen Höfen, großflächigen Reisfeldern und ein paar Asphaltstraßen. Die Ausstattung der Krankenstation ist karg. Alle komplizierteren Fälle muss Van an das Provinzkrankenhaus verweisen. Das hat Betten und auch ein Labor, um zum Beispiel Tuberkulose feststellen zu können. Die häufigste Krankheit? »Halsschmerzen«, antwortet Van. Unfälle? Schwere Verletzungen? Selten.

Vân ist gerne hier. Er hat eine sanfte Stimme und zieht schmunzelnd seine Arztkappe auf, bevor er einem kleinen Jungen die Lungen abhört. Es regnet. Zwei Patienten sitzen auf der Veranda vor dem offenen Behandlungsraum und warten auf trockenes Wetter. Die Mutter des Jungen zahlt direkt für die Untersuchung. Bauern können eigentlich in

Landarzt Vân in seinem Untersuchungsraum. Vorne warten einige Patienten, an der Seite stehen die Arzthelferinnen. Viel zu tun gibt es nicht.

die staatliche Versicherung eintreten, aber nicht alle tun das. Viele glauben, sie kommen ohne Versicherung günstiger klar.

Von den überfüllten, hektischen Krankenhäusern der Großstadt sind Vân und seine Kollegen weit entfernt. Kilometerweit. Es könnten aber auch Lichtjahre sein.

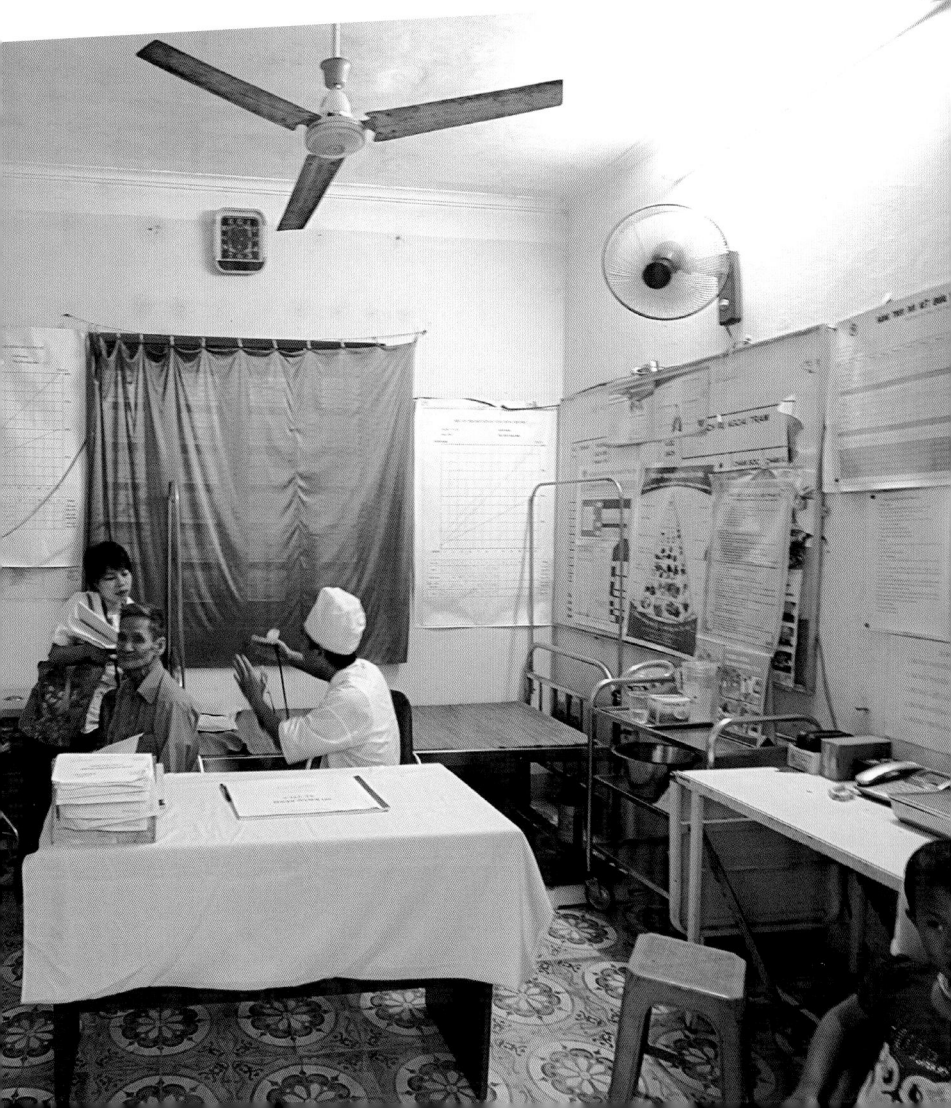

Stromausfall
Wer braucht schon warmes Wasser und Licht?

In vielen Ländern sind Stromausfälle eine geradezu mystisch-verklärte
Ausnahmesituation. Dort gibt es Legenden von Babybooms, die auf Stromausfälle folgen, weil offenbar angenommen wird, dass Menschen ohne Elektrizität
in eine Art wilden Urzustand versetzt werden.

In Vietnam gewöhnt man sich diese Verklärung sehr schnell ab.
Stromausfälle sind normal, alltäglich. Mal fällt der Strom nur für
eine Minute aus, mal für einen ganzen Nachmittag. Dann wird einem
bewusst, dass wirklich jedes moderne Gerät eine elektronische Zeit-
anzeige besitzt, die anschließend wieder neu eingestellt werden
muss. Bisweilen kündigt die Hausverwaltung freundlicherweise
auch an, dass am Samstag von 7–17 Uhr der Strom abgestellt wird.
Bis zu den Fußballübertragungen am Abend ist der Strom aber meistens wieder da. Die Verantwortlichen scheinen zu ahnen, dass die Ge-
duld der Vietnamesen bestimmte Grenzen hat.

Man lernt, mit den Stromausfällen umzugehen. Wasser muss sowieso nicht warm sein, und Kerzen liegen in jedem Haushalt griffbe-
reit. Gekocht wird flächendeckend mit Gas, das strömt auch ohne
Strom. Brummende Generatoren sorgen dafür, dass zumindest Bürogebäude und Aufzüge funktionieren. Viele Vietnamesen wohnen in
Hochhäusern trotzdem lieber in unteren Stockwerken, da muss man
bei Stromausfall nicht so viele Treppen steigen.

Vietnam bezieht einen Großteil seines Stroms aus Wasserkraftwerken. Die sind von Pegelständen abhängig, und die Pegel können im
Sommer schnell sinken. Der Rest der Kraftwerke (vor allem Kohle) hält
mit dem rasanten Industriewachstum nicht mit. Vietnam will jetzt auf
Atomkraft setzen. Bis die ersten Meiler stehen, werden Regierung und
diverse Stadtverwaltungen aber wohl weiterhin zeitweise gezielt ganze
Stadtviertel abschalten, um Strom zu sparen. Manche Vororte haben regelmäßig einen Tag in der Woche keinen Strom. Viertel im Zentrum
großer Städte sind meist etwas besser dran.

Viele Kinder gibt es übrigens aktuell in Vietnam auch. Mit den
Stromausfällen hat das aber sicherlich am allerwenigsten zu tun.

Schlafanzug
Ein unterschätztes Kleidungsstück

In den meisten Ländern fristet der Schlafanzug ein eher kümmerliches Leben. Seine Rolle ist streng auf ein einziges Zimmer beschränkt. In der Küche im Schlafanzug aufzutauchen gilt ja eher als Zeichen von Faulheit.

In Vietnam ist das ganz anders. Der Schlafanzug ist ein universell verwendbares Kleidungsstück und in dieser Hinsicht hochgradig flexibel. Zunächst einmal gilt er in vielen Familien als Dresscode für zu Hause. Gäste sollten sich nicht wundern, wenn der Hausherr sie abends im Schlafanzug empfängt. Das ist höflich gemeint, und entspricht der hier existierenden häuslichen Kleiderordnung. Straßenkleidung gehört auf die Straße. Wer in einer vietnamesischen Familie lebt, kann auch schon mal die Aufforderung hören, sich doch bitte gefälligst umzuziehen.

Darüber hinaus ist der Schlafanzug auch die erste Wahl für Spaziergänge. Vietnamesen sind da durchaus sportlich, vor allem Frauen. Sie gehen morgens zur Aerobic und abends noch einmal eine Stunde durch das Viertel. Dabei tragen sie Schlafanzüge.

Natürlich ist das alles auch ein kulturelles Missverständnis. Was wir Schlafanzug nennen, heißt bei den Vietnamesen »Hauskleidung«. Das schließt den Gebrauch für kurze Spaziergänge, sowie Früh- und Spätsport mit ein.

Schlafen
Hauptsache hart

Vietnamesische Matratzen sind sehr weich – zumindest nach Ansicht vieler Vietnamesen. Ausländische Gäste sehen das mitunter deutlich anders. Diese unterschiedlichen Einschätzungen rühren daher, dass ein Großteil der Bevölkerung überhaupt nicht auf Matratzen schläft, sondern auf Bambusmatten. Im Vergleich dazu ist eine Matratze in der Tat sehr weich und sei sie noch so dünn und hart.

Bambusmatten haben im tropischen Klima den Vorteil, dass sie deutlich leichter trocken bleiben und weniger schimmeln. Außerdem sparen sie Platz. Gerade viele ärmere Familien, die in kleinen Häusern wohnen, rollen abends ihre Matten in Zimmern aus, die tagsüber als Wohnzimmer oder Verkaufsraum dienen. Aber selbst in Schlafzimmern wohlhabenderer Großstädter finden sich häufig große Betten mit brettharten Matratzen.

Bauarbeiter und Handwerker halten aus demselben Grund deswegen auch ohne mit der Wimper zu zucken auf dem Betonfußboden Mittagsschlaf. Büroangestellte und Verkäufer schlafen auf Tischen, Stühlen oder Klappbetten (ohne Matratze). Und Motorradtaxifahrer schlafen auf ihrem Motorroller. Beine über den Lenker, Kopf auf dem Sitz. Das ist sehr weich, im Vergleich zum Fußboden.

Von Präsident Hồ Chí Minh ist übrigens die Anekdote überliefert, dass der als sehr asketisch bekannte Mann zur Friedenskonferenz 1946 in Paris in einem Fünfsternehotel einquartiert war. Er schlief auf dem Boden – das Bett war ihm zu weich. Wer eine Bambusmatte gewöhnt ist, der bekommt von weichen Matratzen in Luxushotels ohnehin nur Rückenschmerzen.

Bánh bao
Deftiges nach Einbruch der Dunkelheit

Wenn eigentlich schon alles ruhig ist und schläft (was, abgesehen von Hô-Chí-Minh-Stadt, im ganzen Land spätestens ab zehn Uhr abends ist) und selbst der endlose Verkehr einzudösen scheint, dann hört man sie besonders gut. Die Männer, die durch die Straßen ziehen und »Bääääng baaaaao!« rufen.

Die gefüllten Klöße lassen sich den ganzen Tag über verzehren, aber ihre wahre Bedeutung bekommen sie als Mitternachtssnack. Wer abends noch einmal hungrig wird, für den kommt der rufende Teigtaschenverkäufer gerade recht. Ein *bánh bao* kann gefüllt sein mit allem Möglichen, meistens aber sind es Schweinhack, Ei, Pilze und Glasnudeln. Vegetarische Varianten sind ebenfalls möglich, aber allgemein erwartet man keine große Auswahl: Wie bei fast allen Straßenköchen gibt es pro Verkäufer meist nur eine einzige Sorte.

Auch beim Teigtaschenverkäufer hat mittlerweile die Moderne Einzug gehalten. Was nicht etwa die Rezeptur verändert hat, aber den Verkauf: Wer sich schon immer wunderte, wie ausdauernd die Männer auf ihren Fahrrädern in die Nacht hineinrufen – meist kommt die Stimme aus dem Tonbandgerät. *Bääääng baaaaao!*

BÁNH BAO
O DÁN SALONPAS

h đóng gói : 12 miếng x 20 hộp nhỏ x 50 hộp lớn

Công ty Dược phẩm Hsamitsu Việt nam

Die gefüllten Teigtaschen dampfen in einem Topf an einem Hanoier Straßenrand. Wer nicht darauf warten will, dass ein fahrender Händler vorbeikommt, kann sich sein *bánh bao* auch an einem abendlichen Stand kaufen und dort gleich essen.

Lautsprecher
Und jetzt: Musik!

Morgens und nachmittags scheppern sie los, die Lautsprecher im ganzen Land. Zu hören sind Informationen und Musik, ob man will oder nicht. Sonntagsmorgens um sieben Uhr will man meistens nicht. Das empfinden auch immer mehr Vietnamesen so. Die Lautsprecher stammen aus Kriegszeiten und hatten damals die lebensrettende Aufgabe, vor Luftangriffen zu warnen. Nebenbei gab es sonstige Nachrichten und muntermachende, patriotische Ansagen der Partei.

Das ist heute immer noch so, aber weil der Krieg lange vorbei ist, fangen manche an, den Nutzen in Zweifel zu ziehen. Vor allem solche, die direkt neben den Lautsprechern leben. In Zeitungen oder Online-Foren häufen sich Kommentare von verzweifelten Müttern, deren Kinder anfangen zu weinen, sobald die Lautsprecher direkt neben dem Haus anspringen. Andere verweisen auf kranke Menschen, die Ruhe benötigen. Auch Politiker pflichten diesen Klagen vereinzelt bei.

Die Zeiten, in denen die Menschen stehenblieben und den Stimmen aus den Lautsprechern lauschten, sind sowieso definitiv vergangen. Konsistentes Hören wird auch dadurch erschwert, dass die Lautsprecher mitnichten alle dasselbe erzählen. Organisiert werden die Durchsagen nämlich von jedem einzelnen Stadtbezirk. Das sind allein in Hanoi 577 Bezirke, die jeweils in ihrem kleinen Büro eine Station haben, in der zweimal täglich ein Sprecher sitzt und Nachrichten verliest.

Sie erzählen dann etwas darüber, dass man sich doch bitte demnächst impfen lassen sollte oder dass man sein Leben erweitern kann, wenn man den Fernseher ausschaltet. Auf dem Land kündigen sie an, dass morgen frisches Wasser in die Leitungen gepumpt wird. All das wirkt in Zeiten des Internets etwas altbacken, und früher oder später werden sie wohl verschwinden, die Lautsprecher. In Ho-Chi-Minh-Stadt sind sie schon heute nicht mehr zu hören. Es heißt, die Bewohner hätten konsequent die Kabel durchgeschnitten, bis die Verwaltung aufgab. So beruhigend und schlaffördernd das wäre: Es verschwände auch ein kleines Stück vietnamesisches Lebensgefühl.

Außerdem könnten sich Probleme ganz neuer Art auftun: Ein vietnamesisches Ehepaar mit Kindern zeigte sich vor kurzem in heller Aufregung, weil der Lautsprecher ausfiel. Seitdem weigern sich die Kinder, morgens aufzustehen. Wenn die Mutter ins Zimmer kommt, lautet die Antwort: »Der Lautsprecher ist noch still. Wir haben noch Zeit!« Und schon sind sie wieder eingeschlafen. Die Sprecher haben also indirekt eine sehr wichtige Funktion: als Zeitansage.

Fünf Uhr morgens
Frühsport, eins, zwei, drei, vier ...

Hanoi erwacht früh. Nicht nur die Händler und die in die Stadt strömenden Bauern stehen früh auf ihren Plätzen oder beginnen ihre Geschäfte mit den Zwischenhändlern. Auch der Rest der Bevölkerung ist früh auf den Beinen. Vor allem der weibliche Teil.

Zwischen fünf und sechs Uhr morgens füllen sich die Straßen und Parks mit ganzen Horden von Frauen. Frühsportzeit. Die geografische Lage bringt es mit sich, dass fast das ganze Jahr über die Sonne etwa um dieselbe Zeit aufgeht. Um halb sechs ist es hell. Dann beschallen kleine Kassettenrekorder oder auch mal beeindruckend große transportable Lautsprecherboxen die Umgebung. »Eins, zwei, drei, vier ...«, plärren die Boxen. Eins, zwei, drei, vier recken und strecken sich Dutzende von Armen und Beinen zu allen Seiten. Manchmal ertönt dazu Musik. Dann ist es meistens jeden Morgen dasselbe Lied. Gelegentlich mischt sich auch Hahnengeschrei darunter. Eine Stadt wacht auf.

Frühsport ist wichtig. Eine erstaunlich große Anzahl an Vietnamesinnen frönt dieser Gewohnheit. Zählt man die verbreiteten Abendspaziergänge noch dazu, ergibt das eine überraschend bewegliche Gesellschaft. Der Frühsport erklärt auch, warum Hanoi so früh schlafen geht. Die Millionenhauptstadt präsentiert ihre ländliche Seite – der Tagesrhythmus richtet sich nach der Sonne.

Die Frau im Zentrum ist die Vortänzerin. Der Rest folgt. Die Lautsprecherbox, zu deren Tönen sich die Frauen bewegen, kann ganze Wohnviertel mit Disko-Musik beschallen.

Nhà nghỉ
Rasthäuser

Das *nhà nghỉ* entspricht in etwa unseren deutschen Pensionen. Kleine Hotels oder hotelähnliche Betriebe, die nur wenige Zimmer haben und sehr günstig sind. Man kann Zimmer nur für eine Nacht mieten. Der Engländer würde *Guest House* dazu sagen.

Wörtlich übersetzt ist *nghỉ* eher so etwas wie »ausruhen, rasten«, weswegen bei englischkundigen Vietnamesen das Wortspiel herumgeht, es handele sich eigentlich nicht um *Guest Houses*, sondern eher um »*Rest Houses*«, also »Rasthäuser«.

Die Grenze zum Hotel war schon immer fließend. Seit einigen Jahren haben manche Rasthäuser aber eine ganz neue Bedeutung: Sie sind bei der modernen Generation junger, noch nicht verheirateter Paare beliebt, weil man hier ein Zimmer für eine Nacht buchen und sich dann einen Nachmittag lang zusammen »ausruhen« kann. Die Nacht über bleibt man selbstverständlich nicht, denn nachts müssen ja alle wieder zu Hause bei den Eltern sein. Natürlich können genauso gut auch verheiratete Menschen für so einen Nachmittag ins Rasthaus gehen – allerdings sind sie dann oft nicht *miteinander* verheiratet.

Die Vietnamesen kommentieren das ironisch: »Vietnam ist ein sehr, sehr fleißiges und hart arbeitendes Land. Deswegen gibt es so viele Leute, die sich ständig ausruhen müssen.«

Da die Behörden in solchen Häusern professionelle Prostitution befürchten, gibt es auch immer wieder Razzien. Sollte eine Razzia ein unverheiratetes Paar aufspüren, könnte sich der Plan mit dem gemeinsamen Ausruhen ins Gegenteil verkehren: Es droht dann eine eher unruhige Zeit.

Verhütungsmittel
Aber nicht direkt nach der Hochzeit!

In einem Land, das auf Werbeplakaten (noch) keine halbnackten Frauen porträtiert und das sich aus alter konfuzianistischer Tradition gerne etwas intellektuell-prüde gibt, dürfte überraschen, dass es kein Problem ist, sich mit anderen über Verhütungsmittel zu unterhalten.

Vorausgesetzt, diese anderen sind verheiratet. Selbstverständlich. Über vorehelichen Verkehr redet man nicht. Er existiert nicht. Offiziell. In dieser Hinsicht ist die vietnamesische Jugend leider auch erschreckend schlecht informiert. Vietnam hat eine der höchsten Abtreibungsraten der Welt, und es ist nicht ganz klar, ob das an den Jugendschwangerschaften liegt oder an den gezielten Versuchen, männliche Nachkommen zu haben. Oder an beidem.

In der Ehe hingegen ist das ganze Thema kein Problem. Vietnam fuhr offiziell lange Zeit eine Zwei-Kind-Politik. Die war nie ganz so streng wie in China, aber Familien mit zu vielen Kindern müssen zumindest in Staatsbetrieben mit beruflichen Problemen rechnen. Heute wollen die meisten Städter sowieso nur zwei Kinder. Viele ländliche Familien haben sich eh nie richtig um solche Regeln gekümmert. Das Thema ist also offiziell sanktioniert. Die Pille gibt es ohne Rezept in der Apotheke.

Für Unverständnis sorgen Verhütungsmittel hingegen direkt nach der Hochzeit. Wer heiratet, bekommt auch Kinder. Wer zehn Monate nach der Heirat keine Kinder hat, muss sich Tipps und Ratschläge für besseren Verkehr von den Kollegen und Verwandten gefallen lassen. Bei einem befreundeten jungen Paar, das aus beruflichen Gründen erst einmal keine Kinder wollte, gingen die Eltern so weit, nach zwei Jahren heimlich einen Talisman unter dem Ehebett zu verstecken. Kurze Zeit später war die junge Frau schwanger. Das Paar hatte nämlich zur selben Zeit entschieden, die Verhütung zu beenden.

Eltern glauben heute noch an die Kraft des Talismans. Die Kinder lassen sie in dem Glauben. So viel familiäre Offenheit muss dann doch nicht sein.

Vẻ ngoài nam tính không bảo đảm an toàn cho bạn

Nhớ tôi mỗi lần

Plakatwerbung für Kondome in Hanoi: »Ein männliches Äußeres allein garantiert keine Sicherheit«, lautet der etwas kryptische Text, der vermutlich unterstreichen soll, dass auch gesund aussehende Menschen Geschlechtskrankheiten haben können. In Ho-Chi-Minh-Stadt werden Kondome auch am Straßenrand verkauft (Bild unten).

Wochenbett
Ein Monat Ausnahmezustand

Thương ist Ende 20 und so aufgeschlossen und selbstbewusst, dass sie nach der Hochzeit erst einmal drei Jahre mit dem ersten Kind gewartet hat. Kurz vor der Geburt ihres ersten Kindes hat sie noch schnell ihren Master in Kulturwissenschaften hingelegt. Man kann mit ihr darüber diskutieren, ob das neueste iPhone in Vietnam oder Singapur günstiger ist oder auch darüber, wie die Tran-Dynastie die Philosophie beeinflusst hat. Sie ist, kurz gesagt, eine modern-gebildete Städterin. Nicht abergläubisch und sicherlich kein Landei.

Was nichts daran ändert, dass sie sich nach der Geburt einer alten Regel beugen muss: Sie wird sich 30 Tage lang nicht waschen. Die Schwiegermutter möchte es so, und die eigene Mutter findet ebenfalls, das sei eine sinnvolle Idee. Ein alter Brauch. Er schützt den Körper der jungen Mutter.

Warum genau früher ein wasser- und seifenloser Monat den Körper schützte, liegt etwas im Dunkeln. Vielleicht lag es am dreckigen Wasser. Vielleicht war es ein eleganter Trick, um junge Mütter von der Hausarbeit fernzuhalten.

Thương hat ein wenig Bammel vor der Geburt. Noch mehr beunruhigt sie allerdings die Aussicht darauf, anschließend einen Monat lang auch nicht lesen und nicht fernsehen zu dürfen. Das sei nicht gut für die Augen junger Mütter, heißt es. Besuche außerhalb des engsten Familienkreises sind ebenfalls nicht erwünscht: Sie bedeuten Unglück für das Kind. Nicht alle diese Regeln werden penibel überall eingehalten. Aber erstaunlich viele Städter folgen den alten Bräuchen noch oder entwickeln sie weiter. Das lässt sich schon daran ablesen, dass »nicht fernsehen« eine Regel ist, die vor wenigen Jahrzehnten gar nicht existiert haben kann.

Ein Monat Langeweile. Nach Ansicht mancher Vietnamesen sollen Mütter sich nach der Geburt nicht waschen, nicht lesen, nicht fernsehen und keinen Besuch empfangen. Anders gesagt: Sie bleiben überwiegend im Bett.

Vornamen
Bedeutungsschwanger

In einem deutschen Babynamenforum im Internet ist eine Userin sehr verzweifelt: »Was bedeutet denn mein Name Phuong?«, fragt sie und entfacht einen regelrechten Streit darüber, ob der Name nun »Himmelsrichtung«, »Duft«, »Unruhe« oder »Fliegen« bedeutet. Tatsächlich muss die Antwort fast immer lauten: Kommt darauf an. Das liegt ausnahmsweise mal nicht unbedingt an den verschiedenen Vokaltönen, sondern daran, dass einzelne Namensteile oft keine spezielle Bedeutung haben. Erst im Zusammenspiel mit dem Mittelnamen, also einer zweiten Silbe, ergibt alles Sinn. Viele der Namensbedeutungen verlieren sich teilweise auch in ihren altchinesischen Wurzeln.

Einen Namen auszuwählen ist deswegen keine einfache Sache. Auf dem Land wurden die Kinder früher auch schon mal einfach durchnummeriert: »Ältestes Kind, Kind Nummer zwei, Kind Nummer drei ...«. Beliebt sind bis heute Namen nach gewissen geschlechtsspezifischen Stereotypen: Männer sollen »Held« oder »mutig« heißen, Frauen »sanft« oder »duftend«. Dann gibt es noch berüchtigte Namen, die keinem Geschlecht zugeordnet sind. Ein Bekannter namens Dương litt darunter, dass er auf Urkunden und Papieren sehr oft als »Frau Dương« bezeichnet wurde. Um Verwechslungen zu vermeiden erhalten Frauen gerne ein Thị und Männer ein Văn als Mittelname. Um die Sache noch komplizierter zu machen, kann Vân aber auch ein weiblicher Vorname sein.

Mittlerweile gelten bestimmte Namen auch als bäuerlich oder veraltet. Eine schwangere Bekannte erzählte mit Schaudern, dass ihr Ehemann aus politpatriotischem Eifer ihrem Sohn unbedingt den Vornamen eines der aktuell regierenden Politiker geben wollte – nur, klagte sie, hätten die allesamt fürchterlich antiquierte Vornamen.

Bei solcher Qual der Wahl flüchten sich viele Eltern auch in Namen, die immer »funktionieren«, wie zum Beispiel Thu Hà (»Herbstfluss«). Das Problem solcher Namen in Kombination mit dem ebenfalls überhäufigen Nachnamen Nguyễn ist, dass man am Flughafen besonders lange an der Passkontrolle steht, bis der Beamte dann vom Monitor aufsieht und etwas gequält sagt: »Sie haben einen sehr häufig vorkommenden Namen, oder?«

Ein sehr häufiger Name: Nguyễn Thị Thu Hà. Der Nachname Nguyễn ist besonders verbreitet, das mittlere Thị kennzeichnet eine weibliche Person und Thu Hà gehört zu dem Satz von Vornamen, die besonders populär sind, genauso wie Hà, Trang, Giang oder Phương.

T/L
For
P. Tr...

Chữ k...
Signa...

...ỘI CHỦ NGHĨA VIỆT NAM - SOCIALIST REPUBLIC OF

...PORT   Loại / Type   Mã số / Code   Số hộ chiếu
                    P   VNM   B2213...

Họ và tên / Full name
NGUYỄN THỊ THU HÀ

Quốc tịch / Nation...

CHỦ HỘ

Họ và tên: NGUYỄN THỊ THU HÀ

...tên gọi khác (nếu có):

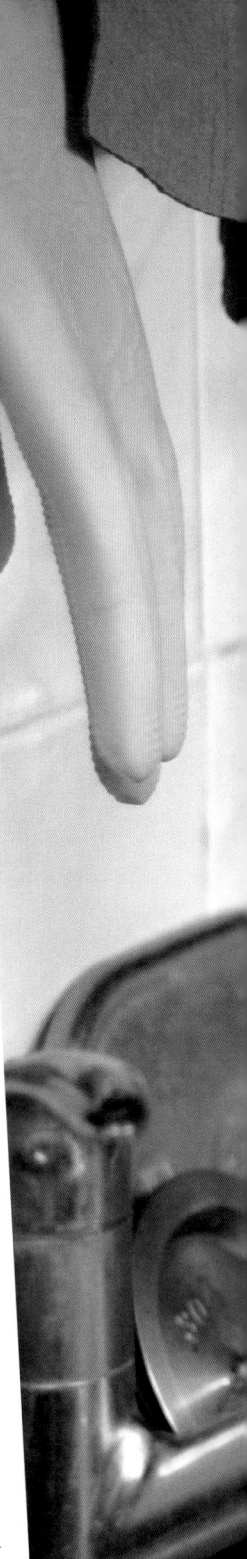

Hausmädchen
Teil der Familie

Man könnte meinen, eine Hausangestellte sei etwas für wohlhabende Ausländer mit gutbezahlten Jobs, die weder Zeit noch Lust haben, ihre Villen in Vietnam selbst zu putzen. Diese Annahme ist falsch. Das Gehaltsgefälle zwischen Stadt und Land führt dazu, dass Familien bis weit in die vietnamesische Mittelschicht hinein ein Hausmädchen anstellen. Allerdings gibt es einen wichtigen Unterschied: Die Haushaltshilfen der Ausländer kommen halbtags oder tageweise. Die Hausmädchen der vietnamesischen Familien bleiben oft über Nacht. Genauer gesagt: Sie leben im Haus.

Das ist in mehrfacher Hinsicht erwähnenswert. In zahlreichen Familien bedeutet es nämlich in der Tat: Die Haushaltshilfen schlafen zusammen im Raum mit der (kranken) Großmutter. Oder sie schlafen unter dem Küchentisch, weil in der kleinen Wohnung sonst kein Platz ist. Tagsüber sitzen sie mit am Esstisch und im Wohnzimmer mit auf der Couch. Das muss nicht immer so sein, es gibt auch Fälle von schlechter Behandlung und Ausbeutung. Nicht selten sind sie aber einfach Teil der Familie. Denn eine zuverlässige Haushaltshilfe, die sich um die Großeltern oder die Kleinkinder oder einfach nur um das Haus kümmert, ist gar nicht so einfach zu finden. So jemanden hält man besser fest. Viele Haushaltshilfen kommen vom Land. Anstatt auf dem Feld zu arbeiten und anschließend den eigenen Haushalt zu schmeißen, entscheiden sie sich dafür, gegen Gehalt einfach nur den Haushalt anderer zu schmeißen. Das Geld wiederum geht meist direkt zurück aufs Land, zur Familie oder für die Erziehung der Kinder.

Ihre Familien sehen diese Hausangestellten selten. Sie arbeiten. Das ganze Jahr. Heimreisen gibt es im Normalfall nur an Neujahr (siehe Seite 86). Neujahr fahren alle Hausmädchen zurück aufs Land. Nicht alle kommen zurück. Manche heiraten und bleiben. Andere entscheiden, dass sie sich um ihre Familie kümmern müssen. Neujahr ist eine kritische Zeit für großstädtische Familien – sie wissen nie, wann sie ihr Hausmädchen wiedersehen. Nicht einmal, ob sie sie überhaupt wiedersehen.

Blick auf eine vietnamesische Küchenzeile. Der schmale Wasser-hahn ist für gefiltertes Trinkwasser, das von vorsichtigen Familien aber trotzdem anschließend noch einmal abgekocht wird. Geschirr wird niemals abgetrocknet, sondern nur zum Trocknen hingestellt.

Reisen
Nicht ohne meine Mitarbeiter

Vietnamesen sind sehr soziale Wesen. Sie sind nicht gerne allein. Das macht sich vor allem im Urlaub bemerkbar. Individualreisen sind ein Trend, den allenfalls die Jugend vereinzelt zaghaft erforscht. Ansonsten gilt: Die Gruppe ist Trumpf. Die Gruppe, das kann die Familie sein oder auch die Kollegen. Viele Büros oder Firmen machen einmal im Jahr einen Ausflug. Oft der einzige Urlaub des Jahres. Dann fährt die gesamte Belegschaft gemeinsam an den Strand oder in die Berge – als ob man sich nicht schon lang genug gesehen hätte.

Durchorganisiert ist auch das Programm. Die Reisenden möchten unterhalten werden. Was viele westliche Touristen am Standardprogramm vietnamesischer Reisebüros so irritiert, nämlich dass man kaum eine Stunde mal einfach nur die Landschaft bewundern kann, ist dem vietnamesischen Reiseempfinden geschuldet. Besichtigung hier, Besichtigung dort, Mittagessen, Karaoke, Besichtigung hier ... ohne ein Programm ist eine Reise keine Reise. Auch geschlafen wird gerne gemeinsam in Mehrbettzimmern.

Das geht so weit, dass vietnamesische Geschäftsleute, Beamte oder Wissenschaftler oft darauf beharren, noch mehrere Kollegen mitnehmen zu dürfen, wenn sie von ausländischen Organisationen auf Fortbildungsreise eingeladen werden. Die Ausländer wittern dahinter dann bisweilen Korruption, unverschämte Gier oder ähnlich zwielichtige Motive. Dabei ist die Wahrheit viel einfacher: Eine Reise ist eine Reise, auch wenn sie offiziell der Fortbildung dient. Und dem Firmenchef graust vor der Vorstellung, allein zu reisen. Da schläft er lieber mit seinen Angestellten in einem Zimmer.

Am liebsten in der Gruppe. Vietnamesische Familien und Reisegruppen auf dem Weg zu einer Bootstour in der zentralvietnamesischen Provinz Quang Binh.

Mitbringsel
Warum Stewardessen Läden leerkaufen

Es gehört in Vietnam zum guten Ton, von Reisen Geschenke für die Daheimgebliebenen mitzubringen. Nicht nur für Eltern und Freunde, sondern auch für den weiteren Familienkreis und vor allem für die Kollegen im Büro. Auf Bustouren quer durch Vietnam und auf Tagesausflügen ins Umland wird deshalb immer gerne auf dem Rückweg gestoppt, und ein Straßenhändler wird vom versammelten Bus um mehrere Kilo Ware erleichtert, meist regionale Spezialitäten, frische Früchte, frisches Gemüse. Gerne auch mal ein noch lebender Hahn.

Das gleiche gilt auch für Reisen ins Ausland.

Lebende Hähne sind im Flugzeug Tokio–Hanoi zwar nicht so leicht zu transportieren, aber dafür Kosmetik- und Drogerie-Artikel. Das verblüfft insofern, als vietnamesische Drogerieläden prinzipiell ganz gut ausgestattet sind. Der Grund fürs »Hamstern« von ausländischen Produkten liegt unter anderem in der Angst, dass vietnamesische Zwischenhändler oder lokale Produzenten die ausländischen Produkte panschen. Wieviel original japanische Creme ist tatsächlich in der Creme drin? Und wieviel irischer Whiskey steckt tatsächlich in der Flasche?

Zwar tragen alle Produkte Gütesiegel, die ausweisen, dass eine Flasche oder Tube direkt aus dem Ausland kommt, aber auch das zählt bei den Einheimischen nur wenig. »Kann man doch leicht fälschen«, lautet der Kommentar.

Wer am Frankfurter Flughafen vor dem Abflug am Schalter für zollfreie Ausfuhr vorbeischlendert, wird deswegen nicht selten folgendes Bild vorfinden: eine sehr große Gruppe vietnamesischer Stewardessen mit sehr, sehr dicken Koffern, die so aussehen, als befänden sich die Damen vor einem vierwöchigen Mallorca-Ausflug und nicht etwa auf dem Rückflug in die Heimat. Dazu zwei deutsche Beamte, die sehr, sehr viele Zettel abstempeln. Einer davon schaut zwischen dem Stempeln mal kurz in die Runde, sieht dann auf die Zettel und fragt: »Habt ihr in der Drogerie noch was drin gelassen?«

Lange Fingernägel
Taxifahrer sind keine Bauern

Der Flug ist vorbei, die Koffer vom Gepäckband gezogen. Aber erst im Taxi fühlt man sich wieder in Vietnam angekommen. Zumindest beim Blick auf die Hände des Taxifahrers. Der hat nämlich lange Fingernägel. Am kleinen Finger, vielleicht auch am Daumen, manchmal an der ganzen Hand. Der Nutzen für das Autofahren erschließt sich nicht ganz. Außerdem ist der Fahrer auch nicht der einzige. Dasselbe Phänomen ist auch bei ganz anderen Männern zu beobachten.

Sozialpsychologisch ließe sich mutmaßen, dass hier eine Gruppe von jungen Menschen zeigen will, dass sie nicht auf dem Feld arbeiten muss, sondern etwas Besseres zu tun hat. Auf dem Feld arbeiten alle. Auf dem Feld zu arbeiten, bedeutet Armut. Mit langen Fingernägeln lässt sich keine Hacke und kein Wassereimer tragen. Wer in der Stadt lebt, will zeigen, dass er nicht arm ist. Historisch-philosophisch ließe sich noch hinzufügen, dass es früher als besonders rebellisch galt, Körperteile abzuschneiden, die schließlich bei der Geburt von Vater und Mutter geschenkt wurden. Allerdings war das vor allem auf die Haare bezogen. Diese trugen viele Vietnamesen zu Zeiten der Monarchie noch lang. Um die Jahrhundertwende rannten Jugendbanden durch die Straßen und schnitten überrumpelten Männern die Haare ab – die ersten Vorläufer der späteren großen Revolution gegen »feudale Sitten«, überkommene Vorstellungen und das alte Regime.

Männer, die heute ihre Fingernägel lang tragen, können mit solch tiefenpsychologischen Erklärungen nichts anfangen. Der Busschaffner erklärt, der lange Fingernagel helfe, das Geld und die Fahrkarten zu zählen.

Der Taxifahrer erklärt, es sei nützlich, um im Ohr zu bohren.

Buddhismus
Nonnen, Waisen, Volksreligion

Der Lotusturm ist das herausragendste Merkmal der Hanoier Botschafterpagode. Gebaut in der Architektur des 17. Jahrhunderts, stammt er allerdings aus dem Jahr 2004. In jedem der 66 Alkoven sitzt ein Buddha aus Marmor.

Nonne Hiền ist 60 Jahre alt. Sie pflegt als einzige buddhistische Nonne die Tây-Phương-Pagode, eine halbe Autostunde entfernt von Hanoi. Ein Kleinod inmitten von Reisfeldern, engen Dörfern und Landstraßen. Mit 30 ging sie ins Kloster, weil sie krank war, erzählt sie. Vielleicht auch, weil ihre Familie ohnehin zu viele Kinder hatte, neun an der Zahl. Seit damals hat sie ihr Leben dem Buddhismus verschrieben, trägt braune Kutte und kahlrasierten Kopf. »Als ich in die Pagode kam, wurde ich sofort gesund«, sagt sie.

Vietnam ist durchzogen von Pagoden. Der Buddhismus war vor einigen Jahrhunderten einmal Staatsreligion. Das ist er schon lange nicht mehr. Zeitweise gab es am Königshof regelrechte Grabenkämpfe zwischen Buddhisten und Konfuzianisten. Heute erklären sich nur noch etwa sieben Millionen Menschen als Buddhisten. Das ist aber nur die halbe Wahrheit. Fast jeder geht in die Pagode, um hier für Glück, Wohlstand oder eine gesunde Familie zu beten. Eine Art buddhistischer Volksglaube, der wenig mit dem Nirwana oder mit theologischen Fragen zu tun hat.

Die Mönche und Nonnen in den Pagoden übernehmen karitative Aufgaben, manche kümmern sich zum Beispiel um Waisenkinder. Es gibt Parlamentsabgeordnete, die Buddhisten sind, und buddhistische Mönche, die sich außerparlamentarisch politisch einmischen (was die Partei etwas weniger gerne sieht).

Nicht alle, die in einer Pagode arbeiten, haben sich komplett dem Buddhismus verschrieben. Manche leben hier auch nur eine Zeit lang oder wollen sich fortbilden. Und nicht alles, was in der Pagode steht, ist buddhistisch. Es finden sich dort auch daoistische Heilige oder Statuen der »Muttergottheiten«, einer uralten vietnamesischen Glaubensrichtung. Der Buddhismus in Vietnam ist, wie so viele Religionen, tief verbunden mit Gesellschaft und Geschichte. Das macht ihn zugleich auch etwas verwirrend, verworren und verwoben mit anderen Religionen im Land. Was wiederum typisch vietnamesisch ist.

Die vielarmige Quan Âm (eine Version des indischen Avalokiteshvara) steht für Barmherzigkeit. Mit ihren tausend Armen kümmert sie sich um das Leid der Welt. Die Statue steht in der verwunschenen Tây-Phương-Pagode nahe Hanoi.

Cao Đài
Der heilige Viktor Hugo

Die Cao Daisten sind eine Religionsgemeinschaft, die in Vietnam entstanden ist. Ihr Glaube zählt zu den skurrilsten Religionen der Welt. Er treibt die vietnamesische Tradition sich durchmischender und nebeneinander existierender Religionen auf die Spitze: Buddha, Jesus und Konfuzius werden alle gleichermaßen verehrt, als große Heilige gelten der französische Schriftsteller Viktor Hugo oder der chinesische Revolutionär Sun Yat-Sen. Die Tempel sind bunt, die Zeremonien eine wilde Mischung aus christlichem Gottesdienst und buddhistischen Tempelryhthmen. Menschen in weißen Gewändern knien vor einem großen Auge, und auf der Empore spielen Musiker andächtige Melodien in einer Endlosschleife.

Nein, sagt der 30-jährige Tempelmitarbeiter Trung, Missionierung betreibe man nicht. Überhaupt wirken die Cao Daisten in bemerkenswerter Weise unaufdringlich. Ihre Tempel in Ho-Chi-Minh-Stadt sind bunte, schillernde und gleichzeitig ruhige Orte. Der pompöse Haupttempel vor den Toren der Stadt hingegen ist ein Schlachtfeld für Touristen geworden, die sich mit Ellenbogen um die besten Fotos balgen.

Im Süden des Landes ins Leben gerufen, gibt es Cao-Đài-Tempel heute auch in Nordvietnam, in Frankreich oder den Vereinigten Staaten. Trotzdem bleibt die Gemeinschaft überschaubar. Trung ist noch nicht verheiratet, aber seine Frau müsse nicht zwangsläufig Cao Daistin werden, sagt er, sie könne auch Christin oder Buddhistin bleiben. »Wir repräsentieren ja sowieso alle diese Religionen«, fügt er verschmitzt hinzu.

Cao-Dai-Tempel in Ho-Chi-Minh-Stadt. Es dominieren die Farben Rot, Gelb und Blau. Über dem Altar wird das Auge als Zeichen des »höchsten Wesens« angebetet.

Banyanbaum
Geister und der Mann im Mond

Der Banyanbaum oder die Banyanfeige ist keine Pflanze, die nur in Vietnam vorkommt. Sie findet sich im Staatswappen von Indonesien genauso wie in Legenden aus Indien und ist als Fotomotiv der überwucherten Tempel von Angkor Wat in Kambodscha weltberühmt. Wer aber einmal vor einem großgewachsenen Banyan gestanden hat, kann sich der Faszination schwer entziehen. Kein Wunder also, dass der Baum auch in der vietnamesischen Sagen- und Erlebniswelt verbreitet ist.

Vietnamesen, die auf dem Dorf groß geworden sind, erzählen noch vereinzelt, dass es die ganze Gruppe von Dorfkindern brauchte, um den Stamm umfassen zu können. Die Luftwurzeln des Banyanbaums bilden geheimnisvolle Muster und verschlungene Knoten. Der Volksglaube weiß deswegen auch, dass in diesen Wurzeln und Zweigen Geister wohnen. Der Wind lässt Blätter und Wurzelgeflecht rascheln, was entweder als Gewisper übernatürlicher Wesen oder als Klage verstorbener Verwandter interpretiert wird.

Eine Legende erzählt von einem jungen Mann, der ein großer Lügner und Tunichtgut war. Eines Tages entdeckte er durch Zufall, dass ein Banyanbaum, auf den er sich vor einem Tiger geflüchtet hatte, heilende Kräfte besaß. Er nahm Blätter und Samen des Baums mit nach Hause und wurde zu einem gefeierten Heiler, der sein Geheimnis nie verriet. Bis eines Tages seine Frau »Dreckwasser« auf den Baum schüttete (manchmal heißt es auch, sie habe sich am Baum erleichtert), woraufhin dieser in den Himmel schwebte. Der Mann versuchte, den Baum wieder herunterzuziehen, aber vergeblich.

Daraufhin flog der Baum immer weiter, immer weiter. Bis zum Mond. Dort kann man Baum und Mann heute noch sehen. Erstaunlich, wie unterschiedliche Kulturen jeweils ihre eigene Legende vom »Mann im Mond« besitzen.

Heiliger Baum. Die im Baum lebenden Geister werden mit Räucherstäbchen gewogen gestimmt. Banyanfeige neben einer Hanoier Pagode.

Dorfleben
Poetische Vergangenheit

Das vietnamesische Dorf besteht aus einem Dorfteich, einem Dorftor, einem alten Baum, einem Tempel, einer Pagode, einem Gemeinschaftshaus. Im Teich schwimmen Lotosblüten, umgeben ist das Dorf von einer Hecke. Wie aus der Pistole geschossen werden die meisten Vietnamesen diese Bilder herunterrattern können.

So idyllisch wie in diesem nordvietnamesischen Dorf sieht es in immer weniger Gegenden aus. Entweder industrialisieren sie sich oder sie sind von Armut bedroht.

In der Realität sehen immer weniger Dörfer so aus. Das malerische Dorf mit Teich, Hecke und kleinen Gassen hat sich als kräftiges Bild in der Erinnerung eingebrannt, in seiner reinen Form aber fast nur noch in Dörfern erhalten, die sich dem Tourismus widmen. Für viele andere gilt eher: Das vietnamesische Dorf besteht aus einer Baustelle, einer Asphaltstraße und sehr vielen Motorrollern.

Rund um die Großstädte sind ehemalige Dörfer längst eingemeindet worden, auch wenn sie im Volksmund noch immer die Bezeichnung »Dorf« tragen. Das gilt vor allem für viele Dörfer, in denen sich ganze Straßenzüge überwiegend einem bestimmten Handwerk widmen. Neben altem Handwerk wie Hutflechten oder Seidenspinnen finden sich immer häufiger auch nicht ganz so traditionelle Arbeiten wie Schrottschmelzen, wie im Dorf Da Hoi in Bac Ninh.

Das poetisch-romantische Bauerndorf ist ein wenig Fluch und Segen zugleich. So schillernd es im Gedächtnis und in den Volksliedern weiterlebt – zu finden ist es heute eher noch in den armen, entlegenen Gegenden. Da möchte aber kaum jemand freiwillig wohnen. Dorfteiche sind schön und gut – Fernseh-, Strom- und Straßenanschluss sind vielen Bewohnern aber heute deutlich wichtiger.

Đình
Ein Haus für alles

Jedes Dorf braucht ein Zentrum. Der *đình* ist mehr als nur ein Rathaus oder ein Gemeindehaus. Der *đình* ist das politische, kulturelle und auch religiöse Zentrum des Dorfes. Es ist der Ort, an dem sich schon vor Jahrhunderten die Dorfältesten versammelten, um politische Entscheidungen zu treffen. Es ist der Ort für große Feste und Feierlichkeiten. Und es ist auch der Ort, wo den Schutzgeistern gehuldigt wird.

Jedes vietnamesische Dorf hat einen Schutzgeist. Einen Patron, der über das Dorf wacht. Das können legendäre Helden sein, die an dieser Stelle ihre Taten vollbracht haben. Es können besondere Handwerker sein, die vor Urzeiten das Dorf geprägt haben. Manchmal sind es auch ganz normale Menschen, die das Dorf gegründet haben. Ein Schutzgeist aber ist Pflicht.

Wenn die Dorfbewohner in die Stadt umziehen, nehmen sie diese Schutzgeister und Dorfpatrone normalerweise mit. Ziehen gleich ganze Gruppen in die Stadt, errichten sie auch dort wieder einen Dorfmittelpunkt. Hanoi und andere alte vietnamesische Städte sind übersät von solchen Häusern. Manche präsentieren sich heute aufwändig hergerichtet den Touristen. Andere liegen verfallen in Hinterhöfen. Aber es gibt sie. Sie sind ein verwittertes Beispiel dafür, wie sehr Vietnam trotz aller Verstädterung noch ländlich geprägt ist.

Das *đình* eines Vororts von Hue. Im Norden sind sie meist etwas unscheinbarer, im Süden dagegen bereits außen bunt verziert.

Betel
Eine klebrige Tradition verschwindet

Die Arekapalme heißt auf Deutsch auch Betelpalme. Das ist verwirrend, denn Betel an sich bezeichnet eigentlich das Blatt des Betelpfeffers. Viele Vietnamesen aber würden den Deutschen zustimmen, dass beides ohnehin irgendwie zusammengehört. Arekanuss und Betelblatt bilden eine Einheit. Eine sehr klebrige Einheit, vermischt mit Kalk und Gewürzen, die man sich in den Mund steckt und kaut.

Das Gemisch regt den Blutfluss an, sorgt für rote Wangen und gerötete Lippen, hat leicht stimulierende Wirkung, reinigt den Mund und hat angeblich ein Dutzend weiterer Nebenwirkungen. In den Dörfern und in den Bergen sieht man noch heute Menschen, die Betel kauen. In der Stadt ist die Rolle des Betels mittlerweile fast auf eine symbolische beschränkt. Betel und Areka sind traditionelle Gast- und Hochzeitsgeschenke. Wer gemeinsam Betel kaut, geht eine Verbindung ein.»Mädchen, nimm niemals Betel von einem fremden Mann an«, lautet ein alter Warnspruch von Großmüttern.

Wenn Familien gemeinsam die Verlobung der Kinder feiern und Betel überreicht wird, können die Betel-Verkäufer noch Kasse machen. Der klassische Betel-Konsum hingegen scheint in der Gegenwart kaum noch zu interessieren. Mögliche Gesundheitsrisiken, das schmatzende Ausspucken und der gerötete Speichel sind heute eher Gründe, es bei der symbolischen Übergabe zu belassen. Übermäßiges Betelkauen führt zu dunklen Zähnen, was früher durch das schwarze Lackieren der Zähne verfeinert wurde. Eine Frau mit schwarzen Zähnen leidet also nicht an irgendeiner Krankheit, sondern hat sich extra schön herausgeputzt.

Betelkauen färbt die Zähne schmutzig rotbraun. Deswegen
wurden Zähne früher schwarz lackiert, ein Schönheitsideal,
das sich anschließend verselbstständigte: Nicht jede Frau mit
lackierten Zähnen kaut Betel.

Rotkäppchen
Die Kopfbedeckung der Dao

In Vietnam leben 53 Minderheiten. Das ist sogar in der Verfassung so festgehalten, und auf dem Ba-Dinh-Platz in Hanoi weisen 54 Quadrate auf die 54 Volksstämme hin – inklusive der Mehrheitsbevölkerung, deren Name nicht »Vietnamesen« lautet, weil politisch korrekt ja alle Vietnamesen sind, sondern Kinh. Aus all dem ergibt sich, dass Zweifel an der Zahl unmöglich sind. Auch wenn Ethnologen vereinzelt darauf hinweisen, dass die Unterteilung künstlich getroffen wurde, es könnten also auch mehr oder weniger Volksgruppen sein.

Eine dieser Minderheiten sind die Dao (gesprochen: Sao, Dzao oder Jao). Es gibt etwa eine halbe Million Dao in Vietnam, die vor allem in den nordvietnamesischen Bergen anzutreffen sind. Wenn sie sich traditionell kleiden, sind sie an ihrer Kopfbedeckung zu erkennen.

Die mehrfach geschlungene Kopfbedeckung der Roten Dao kann schnell einige Kilogramm wiegen. Darüber hinaus gilt der enthaarte, hohe Vorderkopf als Schönheitsideal.

Die dicken Tücher werden mehrmals übereinander geschlagen und wiegen schnell ein paar Kilogramm. Im Sommer dienen sie als Sonnenschutz, denn die Frauen der Dao rasieren und wachsen sich den Schädel. So steht es zumindest in den handelsüblichen Reiseführern. Die Frauen sagen dazu: Stimmt nicht, wir reißen uns die Haare einzeln mit der Wurzel aus.

Außerdem wird dieser Kopfschmuck auch nur von verheirateten Frauen getragen. Dann allerdings ist er vielseitig zu verwenden, wie die Frauen versichern: Zum Beispiel kann man darin sehr gut Geld verstecken und transportieren.

Champa
Die Verlierer der Geschichte

Über Jahrhunderte hinweg bestand Vietnam nur aus dem nördlichen Teil des Landes. Dahinter begannen, aus Sicht der Vietnamesen, unzivilisierte Länder voller Wilder. Die Auseinandersetzung mit den südlich lebenden Cham prägte die Herrschaft von Generationen vietnamesischer Könige.

1044 eroberte ein vietnamesischer König aus dem Königreich Champa Archive, Musiker und einen kompletten Harem, für den ein eigener Palast in der Hauptstadt errichtet wurde. 300 Jahre später revanchierten sich die Cham und eroberten

die vietnamesische Hauptstadt gleich dreimal. Danach begann ihr Niedergang. 1471 wurde laut der offiziellen vietnamesischen Geschichtsschreibung der entscheidende Sieg über die Cham errungen. Tatsächlich dauerte es aber noch bis Mitte des 19. Jahrhunderts, bis alle vereinzelten Cham-Reiche entlang der Küste bis nach Süden einverleibt waren, denn diese glichen eher einem lockeren Verbund als einem festen Königreich. Die Cham wurden in der Folge assimiliert, heute gibt es offiziell nur noch etwa 150.000 Cham in Vietnam.

Sie hinterließen gleich eine ganze Reihe mysteriöser Bauwerke: Türme, Tempelanlagen, verzierte Gemäuer und Statuen. Die Vietnamesen waren nie sonderlich himmelstrebende Architekten, die Cham hingegen schon. Mittelvietnam ist durchzogen von lauter kleinen »Angkor Wats«, wie die Gebäude werbewirksam nach der bekannten kambodschanischen Tempelanlage genannt werden. Die Cham waren stark von Indien beeinflusst, hinduistisch geprägt, und sie boten auf ihren Bildern und Skulpturen eine für Vietnam völlig fremde Sagenwelt dar.

Dazu kam dann im Laufe der Geschichte der Islam. Ein Teil der heute noch lebenden Cham ist muslimisch, der andere Teil bekennt sich zum Brahmanismus. Das hätte beinahe für Streit gesorgt, deswegen verordnete ein König später die offizielle Versöhnung. Es gibt heute in der Gegend der Cham religiöse Rituale, die nicht ohne die Mitwirkung von Gläubigen beider Religionen möglich sind. Religionswissenschaftler tun sich mit der Einordnung solcher synkretistischer Glaubensrichtungen schwer. Den Cham ist das egal. Vom hinduistischen Teil wurde Allah mittlerweile in das Pantheon der brahmanischen Götter aufgenommen.

Umgekehrt ist der Cham-Islam sehr unorthodox. Wenn der Nachbar zu Schweinefleisch einlädt, sagen die Cham nicht nein. In der Moschee überbringen unverschleierte Frauen Opfergaben an die Würdenträger. Alkoholgenuss ist nur innerhalb der eigenen vier Wände verboten. Arabische oder indonesische Muslime würden mit solchen Regeln heftig fremdeln. Die Cham bezeichnen ihre Religion trotzdem als Islam.

Bettler
Auf dem Land statt in der Stadt

In den vietnamesischen Großstädten sind erstaunlich wenige Bettler zu sehen. Vereinzelt gibt es Invalide und Alte, die durch die Straßen wandern. Dass es nicht mehr sind, liegt zum einen daran, dass die Behörden recht rabiat gegen Straßenkinder und andere Bettler durchgreifen. Zum anderen sind Stadt und Land in Vietnam noch immer eng verzahnt: Fast jeder hat irgendwo Familie »auf dem Land«. In Zeiten der Armut flieht man in diesen Kreis zurück. Auf dem Feld lässt sich immer noch eine Hand gebrauchen, und eine Schüssel Reis zum Mittagessen wird sich schon auftreiben lassen. Dass Vietnam in den vergangenen Jahren wirtschaftliche Krisenzeiten ohne Massen unzufriedener Arbeitsloser überstanden hat, liegt auch an diesem Familienzusammenhalt. Gleichzeitig erschwert er die Aussagekraft offizieller Arbeitslosenzahlen.

Ganz anders sieht die Situation allerdings in den touristisch attraktiven Bergdörfern aus. Hier bekommt der Reisende oft den deprimierenden Eindruck, dass sich das komplette Dorf in Bettler verwandelt hat. Die Logik dahinter ist genauso einleuchtend wie frustrierend: Wo täglich neue Touristen ankommen, ist Betteln längst deutlich attraktiver als Feldarbeit geworden. Gleichzeitig sind die Regionen zu abgelegen, um nennenswertes Gewerbe oder gar Industrie anzusiedeln.

Streng genommen betteln nicht alle. Stattdessen wird sehr viel »verkauft«, wobei das Verhalten der Verkäufer fließend vom einen ins andere übergeht. Wer ein einstmals abgelegenes Dorf wie Sapa in den nordvietnamesischen Bergen besuchen möchte, sollte sich ein dickes Fell zulegen. Auf den meisten Wandertouren wird er von ganzen Gruppen diverser Minderheitsvölker begleitet, die am Ende auch schnell wütend werden, wenn sie nicht ein paar ihrer schweren, handgestickten Decken verkaufen können – die heute allerdings in den seltensten Fällen handgestickt sind. Verschont bleiben nur Dörfer, die nicht mit dem Fahrzeug zu erreichen sind und die nur wenige Touristen kennen.

Viele Besucher würden die Leute ja gerne irgendwie unterstützen. Aber was sollen sie mit zehn Decken? Außerdem trägt jeder Đồng- oder Dollar-Schein dazu bei, dass die Empfänger auch künftig lieber betteln oder hausieren, als zum Beispiel in die Schule zu gehen. Offizielle Lösungsvorschläge wirken eher hilflos. Ein örtliches Volkskomitee erklärte einmal, es gebe Pläne, demnächst 400 Einwohner zu Fotografen auszubilden. Die könnten dann ihre Fotos an Touristen verkaufen.

Christentum
Religion mit Geburtsfehler

Riesige Kirchen stehen völlig unvermittelt zwischen den Reisfeldern. Sonntag nachmittags verursachen Gläubige in Großstädten Staus, weil sie nicht mehr ins Kirchenschiff hineinpassen und die Gottesdienste draußen auf Leinwänden verfolgen. Vietnam, ein Christenland?

Statistisch gesehen gibt es fast so viele Christen in Vietnam wie Buddhisten, beide Religionen erreichen knapp sieben Millionen Gläubige. Das liegt aber vor allem daran, dass sich die meisten Vietnamesen gar keiner Religion zugehörig nennen. Bei der letzten großen Volkszählung 2009 gaben weniger als 16 Millionen Vietnamesen (von knapp 90 Millionen Einwohnern) eine Glaubensrichtung an. Tatsächlich gehen aber viele der offiziell Konfessionslosen an Feiertagen in Tempel und Pagoden oder finden sich vor Schreinen ein. In die Kirche hingegen gehen nur echte Christen.

Der christliche Glaube hatte von Anfang an ein Problem: Er ließ sich nicht, wie viele andere Religionen, in ein Religionsmischmasch einarbeiten. Der christliche Monotheismus verträgt sich schlecht mit der vietnamesischen Tradition, religiöse Ideen zu assimilieren. Streng genommen dürften vietnamesische Christen nicht einmal ihre Ahnen verehren. Viele tun es trotzdem. Noch nicht einmal die kommunistische Partei hat es hinbekommen, die Ahnenverehrung abzuschaffen, als sie in den 1950er-Jahren dezidiert gegen Religion und Aberglauben auftrat.

Das zweite Problem der Christen war das ihnen anhängende Vorurteil, mit den »Kolonialisten« zusammengearbeitet zu haben, wenngleich die Beziehung zwischen katholischer Kirche und französischer Republik gerade zu Kolonialzeiten nicht die beste war und beide Seiten immer wieder sehr unterschiedliche Interessen verfolgten.

Dass es trotz all dem etwa sieben Prozent Christen im Land gibt, ist also durchaus erstaunlich. Die Partei schaut zwar noch immer etwas misstrauisch auf die vietnamesischen Bischöfe und Kirchenstrukturen, aber wer sich heute nicht politisch äußert, wird in Ruhe gelassen. Man fühle sich deutlich besser akzeptiert als vorher und setze auf Dialog und friedliches Miteinander, sagen die Geistlichen.

Führerschein
Fahre eine Acht

Mein schwedischer Freund Tobias hat vergangene Woche den Motorroller-Führerschein in Hanoi gemacht. Er zählt damit, zumindest was Ausländer angeht, zu einer Minderheit. Die meisten setzen sich einfach auf den Roller und fahren los. Zwischenzeitlich führte genau das zu einem etwas kuriosen Medienaufreger, bei dem vietnamesische Zeitungsleser mit Schnappschüssen beweisen wollten, wie unverantwortlich die Ausländer fahren, ohne dafür zur Rechenschaft gezogen zu werden. Die ausländische Gemeinschaft in Vietnam reagierte daraufhin etwas verblüfft mit der Gegenfrage, wo und wann sich denn bitteschön die Einheimischen an die Verkehrsregeln halten. Manche rätselten auch, was denn diese Verkehrsregeln überhaupt sein sollen.

Tatsächlich gibt es Verkehrsregeln, offiziell. In der Straßenverkehrsordnung von 1995 ist zum Beispiel klar geregelt, dass Fußgänger auf Zebrastreifen Vorrang haben, dass Fahrer beim Abbiegen keine anderen Fahrzeuge behindern dürfen und, man höre und staune, dass an Kreuzungen sogar »rechts vor links« gilt.

In der Realität ist mir niemals ein Polizist begegnet, der die Beachtung auch nur einer einzigen dieser Regeln eingefordert hätte.

Tobias sagt, er sei sehr aufgeregt gewesen. Am Prüfungstag habe er sich mit knapp 200 anderen Menschen auf dem Prüfungsplatz versammelt. Anschließend musste er eine Acht fahren und dreimal geradeaus an einer Linie entlang. Dann bekam er seinen Führerschein.

Ich weiß nicht genau, was mich mehr beunruhigt: die Weltfremdheit der Prüfung (man muss im vietnamesischen Straßenverkehr sehr, sehr viele Dinge können, aber noch nie musste ich eine Acht fahren. Auch geradeaus fahren ist eher ungewöhnlich), die Tatsache, dass einige Prüflinge nicht mal das hinbekommen haben – oder die Tatsache, dass die Durchgefallenen sich anschließend auf ihre Motorroller gesetzt haben und frustriert nach Hause gefahren sind. Ohne Führerschein.

Man muss im vietnamesischen Straßenverkehr sehr viel können. Stop-and-go-Verkehr beherrschen, zum Beispiel. Eine Acht zu fahren, gehört eher nicht zu den Herausforderungen des Alltags.

Mundschutz
Schützt vor allem außer Abgasen

Manche Beobachter glauben ja, die vietnamesischen Motorrollerfahrer tragen den Mundschutz wegen der Abgase. Einige mögen das sogar tun. Der Effekt ist allerdings zumindest zweifelhaft. Die Stofflappen vor dem Gesicht lassen Auspuffgerüche genauso durch wie die damit verbundenen Giftstoffe.

Vor was sie allerdings sehr effektiv schützen, ist Staub. Nicht Feinstaub, sondern echter, dicker, grober Straßenstaub. Davon gibt es im Land eine ganze Menge. Außerdem schützen sie vor der Sonne. Sie komplementieren das Outfit jedes (meist weiblichen) Sonnenflüchters: langer, hemdsärmliger Überzug, dicke Sonnenbrille, Mundschutz. So kommt garantiert kein Sonnenstrahl ins Gesicht, denn ein gebräuntes Gesicht ist nicht schön. Um ganz sicherzugehen hält man an Ampeln nur im Schatten von Bäumen oder Gebäuden – und produziert damit gleich noch einen kleinen Stau.

Es gibt auch die moderne Mundschutz-Variante mit Rußfiltern. Sie sind meist sehr dick, haben eine Extralage Kohlefilter aus Papier, manche sind gummiert. Kurz gesagt: Sie sind für vietnamesische Wetterverhältnisse viel zu warm. Man muss Prioritäten setzen.

Parkplatz
Die große Lücke

Eines der Probleme in Hanoi ist die Tatsache, dass es keine Parkplätze gibt. Motorroller parken deswegen auf den Bürgersteigen oder direkt in den Geschäften. Mancher Laden, der von außen wie ein Verkaufsraum für Motorroller aussieht, entpuppt sich bei genauerem Hinsehen zum Beispiel als Brillengeschäft. In unregelmäßigen Abständen fordert die Hanoier Stadtverwaltung strengere Kontrollen oder belegt Bürgersteige mit einem Parkverbot. Dann haben für ein paar Tage die Polizisten mehr Arbeit und können ein paar Gebühren mehr einstreichen, der Einzelhandel hat ein riesiges Problem, und kurze Zeit später ist wieder alles wie vorher.

In Ho-Chi-Minh-Stadt ist das ganz anders. Dort existieren riesige Parkplatzflächen für so viele Motorroller, wie sie kein Mensch mit bloßem Auge zählen kann. Allerdings haben auch diese Flächen einen Haken: Sie sind eigentlich gar keine Parkplätze. Es sind alles Baugrundstücke, auf denen später mal luxuriöse Hochhäuser gebaut werden sollen. Nur ist irgendwie den Investoren das Geld ausgegangen oder irgendjemand hat es sich anders überlegt, und solange sich daran nichts ändert, wird der Platz eben als Parkplatz genutzt. Was immer dann einen bitteren Beigeschmack hat, wenn vorher ganze Wohnviertel für das luxuriöse Bauvorhaben eingestampft wurden. Die Stadt hat auch noch ein ganz anderes Problem: Sie hat schon jetzt viel mehr Bürotürme in der Innenstadt als Hanoi, damit viel mehr Angestellte, viel mehr Pendler, viel mehr Fahrzeuge und viel weniger Platz.

Tiefgaragen wären eine Möglichkeit, aber die beiden großen vietnamesischen Metropolen sind auf Sumpflandschaften gebaut, und viele Investoren zeigen sich erstaunlich desinteressiert an den Kosten unterirdirscher Etagen. In vielen Hanoier Bürohochhäusern sind zwei Garagenstockwerke schon das höchste der Gefühle. Eines für Motorroller, eines für Autos. Wer schlau ist, nimmt das Taxi – oder parkt seinen Roller eben im Brillengeschäft.

Taxi
Wie man es macht, ist es verkehrt

Bei solchen Preisen für öffentliche Verkehrsmittel wird man in anderen
Ländern schnell blass: Eine Taxifahrt in der Innenstadt kostet im Normalfall
umgerechnet etwa einen bis drei Euro. Wer in die Außenbezirke will,
zahlt vielleicht auch mal fünf.

Taxis kann man am Straßenrand anhalten. Wenn man das versucht,
kommt meistens keines. Sie kommen immer nur dann, wenn man sie
nicht braucht. Die sichere Variante ist, ein Taxi gezielt zu rufen. Das
geht aber nur, wenn man es jetzt braucht. Sofort. Taxis im Voraus zu be-
stellen ist nicht möglich. Beim Anrufen

Taxen, die über eine deutlich sichtbare Nummer (rechts oben), eine
ebenso deutliche Preisliste (rechts unten) und vielleicht sogar über ein
Kartenlesegerät verfügen, gelten als seriös und haben wohl keine ge-
fälschten Taxameter. Dieser hier wird höchstens durch das Papierschiff
aus 500-Đồng-Scheinen beeinflusst – das soll nämlich Glück bringen.

hilft übrigens die Tatsache, dass die Häuser in den Städten nicht nur die Hausnummer, sondern auch den Straßennamen tragen. Man weiß immer, wo man ist.

Normalerweise funktioniert die ganze Geschichte folgendermaßen: Man braucht ein Taxi. Es kommt keines. Man ruft eine Taxifirma an. Die Firma sagt:»Fünf Minuten warten bitte.« Nach zwei Minuten fahren plötzlich haufenweise Taxen vorbei, nur nicht von der Firma, die man angerufen hat. Nach zehn Minuten ruft man noch einmal die Firma an.»Fünf Minuten«, sagt die Firma. Nach weiteren fünf Minuten (und sehr vielen freien, vorbeifahrenden Taxen) ruft die Firma zurück und erklärt:»Tut uns leid, kein Taxi zur Verfügung.« Man entschließt sich, einfach eines der vielen anderen Taxis zu nehmen. Es kommt allerdings keines mehr. Ganz besonders schlimm ist die Sache bei Regen, also dann, wenn man am ehesten ein Taxi braucht. Dann brauchen meist auch alle anderen ein Taxi, und es gibt keines. Und alle angerufenen Zentralen melden sich kurze Zeit später:»Alle unsere Wagen sind belegt.«

Dass die Taxizentralen überhaupt zurückrufen ist immerhin ein sehr hilfreicher Service. Er funktioniert allerdings nur für Handybesitzer. Manchmal hat man auch einfach Glück, und der Wagen kommt tatsächlich sofort. Das Problem ist: Man weiß es vorher nicht.

Viele Vietnamesen empfinden das übrigens gar nicht als Dilemma. Irgendwann wird schon ein Taxi kommen. Oder wie es eine Bekannte formulierte:»Du bist so unglaublich ungeduldig.«

Literaturtempel
Wo Konfuzius wacht

Der Literaturtempel hat den vielleicht verwirrendsten Namen aller vietnamesischen Sehenswürdigkeiten. Daran sind mal wieder die Franzosen Schuld. Sie prägten den Namen *Temple de la littérature*, der sich dann in andere Sprachen fortpflanzte. Was zugegeben immer noch besser ist, als der zweite zur Kolonialzeit gebräuchliche Name: Wegen der zahlreichen Krähenschwärme, die damals dort nisteten, hieß der Ort auch Krähenpagode.

Verwirrend ist der Name deshalb, weil dort nicht die Literatur verehrt wird. Gewidmet ist der Tempel dem Denker Konfuzius. Ähnliche Tempel finden sich im gesamten asiatischen Raum. Im Original heißt der Tempel Văn Miếu, und das vietnamesische Wort *Văn* kann sowohl Literatur als auch Kultur bedeuten. Kultur war lange Zeit vor allem Literatur.

Was den Hanoier Tempel für Vietnam so besonders macht, ist die Tatsache, dass an diesem Ort die erste Universität des Landes entstand. Schon im 11. Jahrhundert beschloss der König, hier seine Mandarine, also seine Staatsbeamten, ausbilden zu lassen. Eine Idee, die zuvor zwar schon in China und Korea aufkam, weltgeschichtlich gesehen aber unglaublich innovativ war: Die schlauesten Leute sollten im Namen des Königs das ganze Land regieren und verwalten. Eine Idee, die in Europa zu dieser Zeit noch absurd schien.

Der Tempel war seitdem ein Machtzentrum der vietnamesischen Bildung und ist noch heute ein Bildungssymbol – auch wenn hier niemand mehr studiert. Dafür finden hier Feiern und Zeremonien rund um das Thema Schule und Universität statt.

Der Literaturpavillon gilt nicht nur als Symbol für den Literaturtempel, sondern für ganz Hanoi. Er wurde allerdings erst 1805 gebaut. Bemerkenswert am Tempel sind nicht allein die einzelnen Bauwerke, sondern die gesamte geräumige Anlage. Der Pavillon greift das architektonische Spiel von Kreis und Quadrat auf (siehe Seite 266).

Prüfungsangst
Warum Schildkröten helfen

Mindestens einmal im Jahr kommt es im Literaturtempel (siehe Seite 198) zu einer eher inoffiziellen Zeremonie. Vor den gefürchteten Aufnahmeprüfungen an den Universitäten stürmen Schüler und Studenten das Gelände. Jeder will mindestens einmal den Kopf der steinernen Schildkröten streicheln, die in einem der offenen Höfe des Geländes alte Steintafeln mit den Namen all jener Männer tragen, die hier die höchsten Weihen erhalten haben – den Doktorgrad der damaligen Universität. Von diesen Schildkröten erhoffen sich die Prüflinge Glück. In jüngsten Jahren ist aus dieser Tradition fast schon ein Zwang geworden: Wer keine Schildkröte streichelt, der kann seine Prüfung gleich vergessen. Die Abschlussprüfung ruft übrigens keinen derartigen Ansturm aus, sie gilt im Vergleich zur Aufnahmeprüfung als einfach.

Die Schildkrötenköpfe sind deswegen mittlerweile alle abgegrabbelt und blankpoliert, und der Staat hat schon mehrmals versucht, die altehrwürdigen Stelen durch Absperrungen zu schützen. Meist halten diese Absperrungen ziemlich genau bis zum nächsten Prüflingsandrang. Tausenden junger Menschen hält kein Pfosten stand.

Zu Zeiten der konfuzianischen Doktoren kamen bisweilen von mehreren hundert Bewerbern nur einige wenige durch – heutzutage ist die Erfolgsquote an den Universitäten zwar höher, aber das Studium ist trotzdem hart. Für begehrte Studienplätze an Wirtschafts- und Ingenieurshochschulen büffeln die Anwärter oft monatelang im voraus. Jedes Jahr geistern Geschichten von durchgesickerten Prüfungsfragen durchs Land, meist verbunden mit Vorwürfen an korrupte Lehrer, Ministerialbeamte oder ebenso korrupte, ehrgeizige Eltern.

Um ihre Chancen auf Aufnahme zu steigern, bewerben sich viele Studenten gleich für mehrere Studienrichtungen. Das erhöht zwar den Prüfungsstress, aber zumindest kann man sich in einen ungeliebten Studiengang flüchten, wenn man das Wunschfach nicht erreicht hat. Wunschfächer sind alle, die mit Finanzen, Wirtschaft, Englisch und Ingenieurswesen zu tun haben. Fächer, die Geld bringen. Der Literaturtempel ist also, heute wie damals, ein Ort an dem Karrieren entschieden werden.

Die Schildkröte im Hanoier Literaturtempel scheint ein klein wenig schockiert über das, was sich hier fast täglich ereignet: Wildfremde Menschen streicheln ihr den Kopf. Auch deswegen sind die Köpfe der Schildkröten etwas dunkler und blankpolierter als der Rest der steinernen Statuen.

Schule
Ächzendes Bildungssytem

In der Schule um die Ecke gehen 40 bis 50 Kinder in eine Klasse. Die Lehrer erhalten umgerechnet 150 Euro pro Monat. Die Schule wirbt mit diesen Zahlen. Sie ist eine Privatschule, die kleinen Klassengrößen sind ihr Aushängeschild. Wenn die Eltern ihr Kind auf eine öffentliche Schule schicken, dann sitzen in der Klasse oft 70 Kinder und die Lehrer bekommen ein Monatsgehalt von etwa 70 Euro. Immer mehr Eltern zögern bei diesem Gedanken.

Bildung ist ein nationaler Wert in Vietnam. In den Zimmern von Einjährigen liegen bereits Lehrbücher mit Englischvokabeln, und auf dem Land rechnen Bauernfamilien aus, wie sie ihren Kindern den Schulabschluss finanzieren können. Das Bildungssystem in Vietnam aber ächzt und taumelt unter dem Ansturm der Kinder und der schwachen finanziellen Ausstattung.

Ein Nebeneffekt: Schulen holen sich ihr Geld über eine Vielzahl teilweise undurchsichtiger Abgaben und Gebühren, und Lehrer bekommen »freiwillige Zuwendungen«. Eltern von guten Schülern geben dem Lehrer nur zweimal im Jahr etwas, zu Neujahr (siehe Seite 86) und zum Tag des Lehrers. Das ist alte Tradition. Eltern, die sich um den Erfolg ihrer Kinder sorgen, geben etwas häufiger. Damit die Lehrerin unter den 70 Kindern auch tatsächlich daran denkt, ein wenig auf das Kind zu achten.

Manche Lehrer erklären, das sei gar nicht nötig. Sie würden sich auch so um alle Kinder kümmern. Annehmen tun sie das Geld trotzdem. Das gehöre sich so, sagen sie – und fügen hinzu, dass sie das Geld auch, ehrlich gesagt, einfach gut gebrauchen könnten.

Schlange stehen
Eine vergessene Kulturtradition?

Es gibt Erzählungen aus der Zeit der schlimmen vietnamesischen Hungerjahre. Anfang der 1980er-Jahre hatten Krieg und misslungene Wirtschaftspolitik aus einem fruchtbaren Land ein Hungerland gemacht. Die Menschen standen Schlange für Lebensmittelmarken und Reis. Hundert Gramm pro Tag. Damals war es angeblich nicht unüblich, dass Wartende einen Stein oder einen Hut auf den Boden legten, um ihren Platz zu markieren. Ein Hanoier Museum würdigte die Zeit vor einigen Jahren mit einer großen Ausstellung und präsentierte einen solchen Wartestein.

Aus heutiger Sicht wirkt der Stein kurios. Die Vietnamesen des 21. Jahrhunderts sind keine Schlangesteher. Die Regel existiert zwar, theoretisch. Aber gleichzeitig scheint eine weitere Regel zu existieren: Wenn du einen Grund hast, warum du gerade nicht Schlangestehen möchtest, dann musst du auch nicht. In Supermärkten kommt es nicht selten vor, dass sich Kunden einfach mal frech vorne einfädeln. Sie schauen dabei mit Vorliebe abwesend in die Luft und tun so, als hätten sie irgendeinen bestimmten Grund. Überraschend häufig kommen sie damit durch.

An vielen anderen Orten scheint die Regel gänzlich aufgehoben. An Tankstellen gilt, dass derjenige, der aus welchem Grund auch immer gerade vorne steht, zuerst dran ist. Bushaltestellen gleichen einem wilden Land ohne Gesetze. Der gesamte Straßenverkehr ist eigentlich ein Beweis dafür, dass »Schlangen« in Vietnam Tiere sind, die verknäuelt irgendwo herumliegen.

Eine befreundete Vietnamesin hat die Hungerjahre noch als Kind miterlebt. Sie hat sehr verschwommene Erinnerungen an das Anstehen für Reis. Es sei sehr voll gewesen, sehr laut und sehr chaotisch. An Wartesteine erinnert sie sich nicht.

Neonlicht
So schön kalt

Neonlicht eignet sich für alles. Für das Schlafzimmer genauso wie für das Wohnzimmer. Für das Restaurant ebenso wie für das Büro. Wer in Vietnam ein Zimmer
bezieht, isst oder arbeitet, der sollte Neonlicht mögen. Es ist nämlich überall. Selbst
Wohnzimmer, an deren Decken warm leuchtende Kristallleuchter hängen oder in
deren Ecken Deckenfluter stehen, haben fast immer irgendwo noch eine Neonröhre,
oft elegant in einer Deckennische versteckt. Das weißblaue Neonlicht mischt sich
dann mit dem warmgelben Licht der anderen Lampen und verleiht dem Wohnzimmer … eine Büroatmosphäre.

Zumindest wirkt das auf Westler so. Die meisten Vietnamesen würden das nicht so sehen. Viele finden Neonlicht modern oder »angenehm kühl«. Das ist eine nicht ganz unwichtige Eigenschaft in einem Land, in dem Innenräume genau das sein sollen – möglichst kühl. Hohe Decken, wenig Fenster. Dazu passt Neonlicht, muss der Westler grummelnd eingestehen. Der Vietnamese sagt hingegen: Neonlicht passt zu allem.

Ein Großteil der Lampen in diesem Laden verwendet Neonleuchten. Weißblaues Neonlicht ist in Vietnam überall zu finden.

Tunnelhaus
Schmal ist schick

Früher war die Sache einfach: Ein vietnamesisches Haus in der Stadt hatte ein einziges Stockwerk, höchstens zwei. Zur Straßenseite hin war der Laden, dahinter kam das Vorratslager und dann erst die kleine Wohnung. Die Ladenfläche zur Straße hin war steuerpflichtig. Wer Geld sparen wollte, hatte einen schmalen Laden und hinten viel, viel Platz zum Lagern. Geld sparen wollten alle. Deswegen sind alte vietnamesische Häuser in der Innenstadt von Hanoi so schmal.

Weniger einfach ist die Frage, warum das heute noch immer so ist. Tradition, wäre eine mögliche Antwort. Die Vietnamesen haben sich an den Grundriss gewöhnt, ihn sich sogar zu eigen gemacht. In den üblicherweise von mehreren Familien bewohnten Häusern ist es praktisch, wenn jede Generation ein Stockwerk für sich hat. Moderne Eigenheime haben deswegen heute im Schnitt drei oder vier Stockwerke. Solche Häuser gelten als »schick« und »städtisch«, hinzu kommt ein allgemeines Desinteresse der Sonne gegenüber. Nur so lässt sich eigentlich erklären, warum mitten auf dem freien Land schmale, mehrstöckige Häuser emporwachsen, die zwar an der Front Verzierungen und Fenster zeigen, aber an den drei anderen Seiten nackten Beton. Sonnenlicht bedeutet Wärme, Wärme ist entweder lästig oder treibt die Stromkosten für die Klimaanlage in die Höhe. Eine Überlegung, die unter anderem dazu führt, dass verglaste Büroräume in den Großstädten immer dunkel sind – von drinnen werden Jalousien heruntergelassen oder Pappwände davor gestellt.

Die alten Häuser in der Hanoier Altstadt sind übrigens gar nicht so alt, wie sie aussehen. Eine Untersuchung stellte fest, dass fast alle aus dem 20. Jahrhundert stammen. Zahlreiche Bewohner haben in den vergangenen Jahren außerdem begonnen, sie zu renovieren. Sie machen viergeschossige Familienhäuser und Hotels daraus, oder vollverglaste Geschäfte.

Bauarbeiten
Überall - und überall laut

Vietnam wächst. Die mit Planen und Eisenzäunen abgesperrte Großbaustelle gehört ebenso zum Landesbild wie die Eigenheimbaustelle mit Bambusgerüst. Es ist, nebenbei bemerkt, erstaunlich, welche himmelsstrebenden Baugerüste man mit Bambus zimmern kann. Bau- und Immobiliensektor in Vietnam haben in den vergangenen Jahren immer wieder Rekordzahlen hingelegt. Allerdings hat sich der Immobiliensektor in einigen Vierteln schon längst über eine Blase hinaus entwickelt, allzu viele Investoren setzen auf teure Luxusvillen, während zu wenig günstige Wohnungen auf dem Markt sind.

Zu einer Baustelle gehört der Lärm. Es hämmert, klopft, klappert und rattert. Die ganze Zeit. Man kann nur zu einem einzigen Moment davon ausgehen, dass Baustellen ruhig sind: zur Mittagszeit. Mittags arbeiten Bauarbeiter nicht, mittags essen sie. Ansonsten ist Lärm. Auch am Wochenende. Bei größeren Baustellen auch nachts. Es sollte deswegen nicht verwundern, dass manche Hochhäuser in atemberaubender Geschwindigkeit nach oben schießen.

Es empfiehlt sich übrigens nicht, sofort in ein neu gebautes Wohnhochhaus einzuziehen. Auch dann rattert und klopft es nämlich. Sämtliche Bewohner fangen erst einmal an, Böden zu verlegen, Zwischenwände einzureißen, Fenster auszutauschen oder Küchen zu zimmern. Küchen werden nicht geliefert, sondern vor Ort gezimmert. Wände und Fenster zu verändern ist meist gar nicht gestattet, was aber niemanden kümmert. Im Zweifelsfall zahlt man eben ein wenig mehr. An das Hausmanagement. Unter der Hand.

Umbauarbeiten finden traditionell am Wochenende statt. Dann sind die Hausbewohner zu Hause und können den Arbeitern auf die Finger schauen. Das gilt auch für manche private Baustelle in der Nachbarschaft. Merke: Wer Ruhe möchte oder das in Vietnam annähernd dafür zu haltende Äquivalent, der sollte auf Montagmittag hoffen – aber auf gar keinen Fall auf Sonntag.

Das blau-rot-weiße Tuch zur Abdeckung ist Standard, genauso wie das Gerüst aus Holz. Die Bauarbeiter wohnen auf den Baustellen, deswegen ist des Öfteren auch aufgehängte Wäsche zu sehen. Gelegentlich auch mal ein Fernseher.

Graffiti

Gelbe Seiten in bunt

KH C BT steht für »Beton zerkleinern«. An dieser Hanoier Hauswand werben also die Handwerker fürs Grobe um Kundschaft.

Es gibt klassisches Graffiti in Vietnam, mittlerweile. Junge Menschen bemalen Wände mit großflächigen Bildern, weil sie Kunst schaffen wollen oder weil ihnen langweilig ist. Nach solchen Graffiti muss man allerdings suchen. 2006 konnte eine kleine Gruppe Sprayer noch behaupten, sie sei die erste, die so etwas überhaupt jemals in Vietnam machte.

Viel häufiger und nicht zu übersehen ist eine andere Form von Wandbemalung: Wände, die völlig von Nummern überzogen sind. Eine Nummer reiht sich an die andere. Betroffen davon sind Wohnhauswände genauso wie die üblichen gelben Wände von staatlichen Gebäuden. Manchmal sind Nummern notdürftig überpinselt, manchmal überpinselte Stellen neu mit Nummern besprüht.

Die Nummern sind Werbung. Handwerker, Klempner, Ausbesserer haben es zur Tradition gemacht, mehr oder weniger ungefragt, die Stadt mit ihren Telefonnummern zu verzieren. Du brauchst Hilfe im Haus? Ruf! Hier! An! Die ganze Sache ist genauso verboten wie klassisches Graffiti, aber niemand wird ihrer Herr. Eine Zeitlang versuchten diverse Stadtbehörden, die Wände konsequent zu überpinseln. Die Hanoier Stadtverwaltung kam kurzfristig auf die Idee, die angesprühten Nummern sperren zu lassen. Daraufhin erklärten die Betroffenen plötzlich, Konkurrenten hätten ihre Nummern an die Wand gemalt. Die Sache musste wieder abgeblasen werden.

Lösung? Vorerst keine. Bis auf Weiteres bleiben die gelben und grauen Wände eine Art informelle »Gelbe Seiten«.

Weifeifrei

Vietnam ist online. Meistens.

Vietnam hat Deutschland unter anderem eine Sache voraus: Es gibt fast überall freien WLAN-Zugang zum Internet. Fast jedes noch so kleine Café, und es gibt eine Menge kleiner Cafés in diesem Land, bietet Netzzugang. In den Großstädten, aber überraschenderweise nicht selten auch in kleinen Häuseransammlungen direkt neben dem Wald. Nur in den großen, teuren Fünfsternehotels wird umso kräftiger zur Kasse gebeten.

Fast überall lässt sich deswegen auf den Fenstern von Cafés oder Restaurants das Wort »Wifi« finden. *WiFi* steht im Englischen für kabellose Internetverbindungen und ist eine Abkürzung für ein Kunstwort: *Wireless Fidelity* entstand als reines Werbewort, das an *HiFi* erinnern sollte.

Der Schriftzug »Wifi« ist in Vietnam allgegenwärtig. Oft auch mit dem Zusatz »*Free Wifi!*«, viel häufiger aber mit dem Zusatz »*Wifi Free!*«.

»*Wifi Free*« müsste streng genommen bedeuten, dass dieses Etablissement von Internet und Funkverbindung verschont bleibt. Das bedeutet es allerdings nicht. Stattdessen ist es ein unfreiwillig lehrreicher Kurs über vietnamesische Sprache, wo die Adjektive normalerweise hinter dem Wort stehen, also »Haus, schönes« und »Mann, attraktiver«. Die amüsante Doppeldeutigkeit mit dem »weifeifreien« Gebäude dürfte deswegen nur Vietnamesen mit tiefergehenden Englischkenntnissen auffallen.

Wer seinen Gästen jedoch kein Internet anbietet, muss sich erklären. So wie ein italienisches Restaurant in Hanoi, an dessen Wand ein Schild hängt: »Kein Internet. Aber Cabernet.«

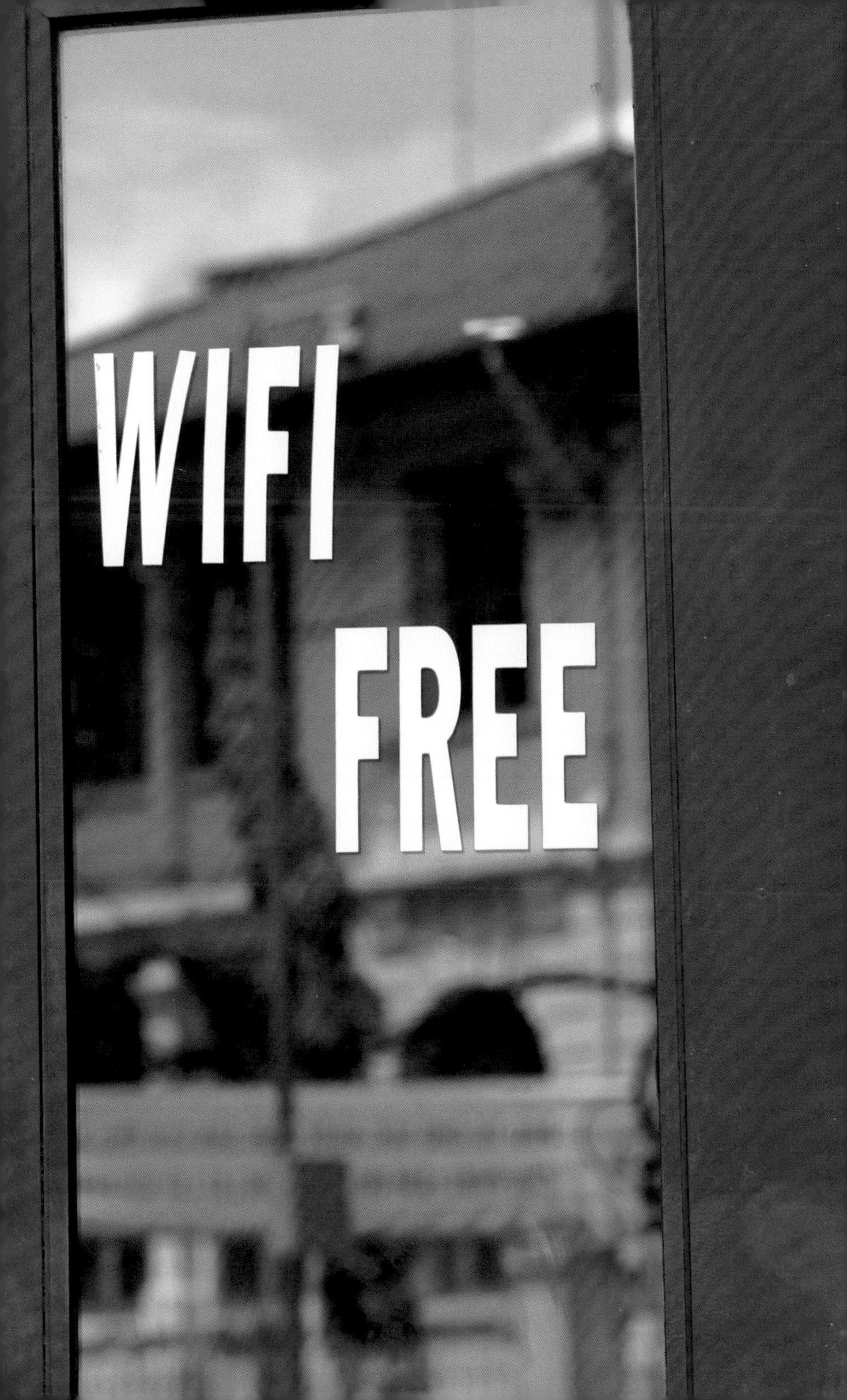
WIFI
FREE

Briefe schreiben
Kunst der Vergangenheit

Ngọc ist berühmt. Der mittlerweile über 80 Jahre alte Mann sitzt umringt von einer Menschentraube im Hauptpostamt von Ho-Chi-Minh-Stadt. Als er erfährt, dass einige Gäste aus Deutschland kommen, zieht er stolz die Kopie eines Spiegel-Artikels hervor. Ngọc ist international berühmt. Weil er Briefe schreibt und übersetzt. Seit fast 30 Jahren, seit er als Postbeamter pensioniert wurde. Jeden Tag. Von acht Uhr morgens bis drei Uhr nachmittags.

Früher hat Ngọc damit Menschen geholfen, Kontakt zu Personen im Ausland zu halten. Er spricht fließend Englisch und Französisch. Mittlerweile ist der alte Mann mit dem sanften Lächeln auf den Lippen eher eine Art Sensation um seiner selbst willen. Eine Hanoier Familie möchte an diesem Morgen eine Glückwunschkarte auf Französisch. Ihr Sohn ist dabei, er lebt in Frankreich. Die Familie könnte die Karte auch ohne Weiteres selbst schreiben, aber sie von Ngọc schreiben zu lassen, ist etwas Besonderes. Außerdem kann man so mit ihm ins Gespräch kommen.

Die Wahrheit ist indes: Vietnamesen schreiben eigentlich keine Briefe. Nicht mehr. Vietnam ist stolz auf seine hohe Internetdichte und außerdem ein Land der Mobiltelefone und Smartphones. Die SMS hat ein ganz neues Vietnamesisch hervorgebracht, eine Sprache ohne Tonzeichen und mit haufenweise kryptischen Abkürzungen. »A tjk dc gp e«, schreiben Jugendliche, wenn sie eigentlich sagen wollen: »Anh thích được gặp em.« (»Ich würde dich gerne treffen«).

Viele vietnamesische Familien haben auch gar keine Briefkästen. Wozu auch? Rechnungen werden in bar im Geschäft bezahlt oder durch Menschen eingetrieben, die auf Motorrollern zum Haus gefahren kommen. Offizielle Verlautbarungen kommen per Lautsprecher (siehe Seite 152), persönliche Botschaften per SMS. Zeitungen werden auf der Straße gekauft. Es gibt vergleichsweise wenig Post. Die wird dann im Zweifelsfall unter dem Türschlitz durchgeschoben oder in den Vorhof geschmissen.

Briefeschreiber Ngọc besitzt kein Handy und auch keinen Computer. Er kann damit nicht umgehen, sagt er.

Der Briefeschreiber Ngoc im Hauptpostamt von Ho-Chi-Minh-Stadt. Der alte Mann ist mittlerweile eine eigene Berühmtheit geworden. Die Touristen kommen zwar auch, damit er ihnen Briefe schreibt – vor allem aber kommen sie, um ihn zu treffen.

Parlamentswahl
»Lasst uns heute zur Wahl gehen! Zur Wahl!«

Vietnam ist ein Einparteienstaat, das heißt aber nicht, dass das Parlament völlig machtlos wäre. Es hat sich im Gegenteil in den vergangenen Jahren einiges an Rechten und Kontrollfunktionen erkämpft. Abstimmungen über Regierungsvorlagen, die unerwartet verloren gehen, sind zwar selten, aber möglich. Es ist also nicht ganz unwichtig, zur Wahl zu gehen, auch wenn die Wahl eher darin besteht, aus einer vorgegebenen Liste mit Kandidaten jene rauszustreichen, die man nicht im Parlament sehen möchte.

Wahl ist also wichtig. So wichtig, dass am Wahltag die in den Straßen installierten Lautsprecher (siehe Seite 152) schon eine Stunde früher angehen als gewohnt und zur Wahl aufrufen. Also etwa um sechs Uhr morgens. Sonntags. Die Lautsprecher spielen Lieder, mahnen zur Wahl oder machen beides gleichzeitig. Zum Beispiel mit einem erstaunlichen Lied, dessen Text in etwa so lautet:»Lasst uns heute zur Wahl gehen, ja, lasst uns heute zur Wahl gehen! Lasst uns zur Wahl gehen! Zur Wahl! Zur Wahl!« und so weiter.

Nach einer Viertelstunde sind Durchsagen und Lieder vorbei. Der Ausländer, der nicht wählen könnte, selbst wenn er wollte, dreht sich seufzend im Bett um und versucht noch etwas zu schlafen – bis zehn Minuten später die Musik von Neuem ertönt. Exakt dieselben Lieder. Exakt dieselben Durchsagen.

Das geht so bis abends. Es wird einer der längsten Tage meines Lebens.

Ich verstehe, dass Wahl wichtig ist. Ich unterstütze das. Aber mir wäre deutlich lieber gewesen, die Behörden hätten ihre Aufrufe in Form von Briefen verteilt. Meinetwegen auch gerne mit einem beigefügten Schreiben:»Weiter unten finden Sie die Playlist zur Wahl. Sie sind angehalten, sich die folgenden fünf Lieder mindestens dreimal heute anzuhören. Eine CD liegt bei.«

Ich finde, Vietnam geht da eindeutig nicht mit der Zeit.

Wählerlisten der Kommunal- und Parlamentswahlen in der Nähe des Cuc-Phuong-Nationalparks. Daneben fordern große Plakate auf, zur Wahl zu gehen.

Service
Viele Kellner verderben den Brei

Arbeitskräfte sind günstig in Vietnam. Die meisten Geschäfte könnten sich ohne Probleme zahlreiche Angestellte leisten. Ungelernte Angestellte, versteht sich, die erst noch in ihren Beruf eingearbeitet werden müssen. Was nicht immer passiert. Teilweise ist das sogar Absicht, denn viele Geschäfte haben die bittere Erfahrung gemacht, dass mühsam angelernte Angestellte bei der nächsten Gelegenheit zur Konkurrenz abhauen, wenn es da mehr zu holen gibt.

Die Folge: Restaurants platzen nicht selten vor lauter Kellnern. In größeren Läden rennen in jeder Ecke Verkäuferinnen herum. Es gehört zum Service oft dazu, dass sperrige Waren von einem Menschen auf dem Motorroller nach Hause geliefert werden. Andere Geschäfte verkaufen online und bringen die Einkäufe direkt zum Kunden, inklusive Rechnung.

Daraus darf man allerdings nicht direkt schließen, dass das Land ein Serviceparadies ist. Die Sache hat nämlich einen Haken: Viele Kellner auf einem Haufen, die nichts zu tun haben, tendieren dazu, lieber miteinander zu quatschen, als nach den Gästen Ausschau zu halten. Die goldene Regel lautet deswegen: Gehe lieber in Restaurants mit wenig Kellnern. Dasselbe gilt für manche Geschäfte, in denen Kunden böse Blicke auf sich ziehen, wenn sie wagen, den Laden zu betreten und die Verkäufer bei ihrem Schwatz zu stören.

Auch manche Handwerker nehmen zwar gerne das Geld der Kunden an, sehen aber nicht ganz ein, warum sie sich um Kunden kümmern sollen. Die kommen ja eh wieder – oder es kommen halt andere.

Fraglich ist allerdings, ob die fürsorgliche Variante der kundenorientierten Geschäftsmutter wirklich das angenehmere Modell ist. Auch diese Form gibt es in Vietnam. Man erkennt sie daran, dass sie hinter ihrer Zeitung hervorschaut, wenn eine Kundin ein Kleid hochhält und dann in bester Absicht knapp kommentiert: »Das steht dir nicht. Du bist zu fett dafür.«

Cyclo
Zähes Relikt

Die Geschichte des Cyclos ist eigentlich eine Geschichte des Niedergangs. Noch vor wenigen Jahrzehnten war das Fahrradtaxi ein weit verbreitetes Fortbewegungsmittel. Nicht für Touristen, die es sowieso kaum gab, sondern für Vietnamesen. Das war allerdings auch die Zeit, in der kaum Autos durch die Straßen fuhren und keine Motorroller knatterten. Heute haben diese beiden motorisierten Formen von Taxis das Cyclo abgelöst.

Wer heute ein Cyclo sieht, der sieht vermutlich einen Touristen darin sitzen. Nicht selten folgt dann noch ein Dutzend weiterer. Die Touristen ärgern sich dann, dass sie von Cyclos umgeben sind, und die vietnamesischen Verkehrsteilnehmer ärgern sich, dass eine Schlange von Cyclos die Straße blockiert. Konsequenterweise wurden im Laufe der Jahre die erlaubten Routen für Cyclos mehr und mehr eingeschränkt, was wiederum das Fahren Stück für Stück unattraktiver macht. Ganz abgesehen von der Tatsache, dass nicht jeder beim Fahren gerne auf Auspuffanlagen schaut. Es bleiben vereinzelte Inseln der Seligen für Cyclofahrer, vor allem in Mittelvietnam, wo weniger Verkehr herrscht und Attraktionen wie der weitläufige Kaiserpalast von Hue ausreichend Touristen anziehen, die nicht das ganze Gelände zu Fuß ablaufen wollen.

Noch ist das obligatorische Bimmeln der Cyclo-Klingeln kein Totenglöckchen. Denn die Fahrradtaxis sind zäh. Sie werden noch immer gelegentlich von Vietnamesen genutzt, wenn es darum geht, besonders sperrige Dinge zu transportieren. Sie sind beliebtes traditionelles Verkehrsmittel, wenn vietnamesische Familien die Bräutigamgeschenke zur Hochzeit überreichen. Und sie sind auch für Touristen gar nicht so unpraktisch, wie sie scheinen: Erst im Cyclo merkt man, wie viel Aufmerksamkeit es vorher gekostet hat, beim Umherlaufen auf den Boden zu schauen, um Löchern, Suppenküchen oder Motorrollern auszuweichen.

Vietnamesen benutzen die Cyclos fast gar nicht mehr. Einzige wichtige Ausnahme ist die Verlobungsfeier. Dann werden die Geschenke der Bräutigamsfamilie mit großen Tellern auf Cyclos zum Haus der Braut gebracht.

Chả cá
Gelddruckmaschine

Das Rezept ist genauso simpel wie schmackhaft: frisch frittierter Fisch, Reisnudeln, Dill, Erdnüsse, frische Kräuter, Frühlingszwiebeln, alles auf dem Tisch gebraten, einmal umgerührt, fertig. Wie bei so vielen vietnamesischen Gerichten (siehe Seite 40) sind es vor allem mal wieder die Kräuter, die für den besonderen Geschmack sorgen. Eine gelungene Erfindung, die sogar einen Geburtsort hat. In der Altstadt in Hanoi wurde *chả cá* zum ersten Mal gekocht, im Haus Nummer 14 in einer Straße, die heute sogar nach der Spezialität benannt ist: *chả-cá*-Straße.

Man kann noch heute die schiefe Treppe hinaufsteigen und landet in einem Speiseraum, den man wohlwollend »urig« nennen könnte: blanke Wände, schlichte Tische, halbblinde Fenster mit Ausblick auf dicke Kabel und an der Wand ein ausladender Altar. Um Marketing braucht sich hier niemand zu kümmern, denn das *chả-cá*-Geburtsrestaurant ist in vermutlich allen Reiseführern der Welt verzeichnet. Eine Gelddruckmaschine, die den Besitzern irgendwann ein wenig zu Kopf gestiegen sein muss, denn im Laufe der Jahre wurden die Preise immer teurer und die Portionen immer kleiner. Die Besitzer rechtfertigen den Preis mit der besonders exquisiten Fischsorte, die es nur hier gebe. Aber selbst für immer mehr Vietnamesen lautet die nüchterne Erkenntnis: *chả cá* kann man auch woanders essen, besonderer Fisch hin oder her. Überhaupt eignet sich das Gericht gar nicht schlecht als kleiner Büffet-Gang unter vielen.

Kopien gibt es sowieso überall, sogar in der Stadtmitte von Ho-Chi-Minh-Stadt tragen gleich mehrere Restaurants exakt denselben Namen. Die Restaurantbesitzer scheint das alles nicht zu stören, solange die Touristen strömen.

Schildkröte
Die letzte ihrer Art

Die Schildkröte steht in der asiatischen Mythologie für langes Leben. Deswegen zum Beispiel tragen Schildkröten die Doktoren-Stelen im Hanoier Literaturtempel (siehe Seite 198). Und deswegen setzen Menschen in den Teichen der Pagoden Schildkröten aus: Sie wünschen sich oder anderen ein langes Leben.

In Vietnam taucht die Schildkröte allerdings auch oft auf, wenn es darum geht, das Land zu beschützen. Gleich mehrere Legenden ranken sich um solche Auftritte. Einer der ersten vietnamesischen Könige bekam von einer Schildkröte eine magische Armbrust geschenkt. König Lê Lợi vertrieb die Chinesen mit einem Schwert, das ihm eine Schildkröte verliehen hatte. Die Schildkröte ist Retter und Schutzgeist.

Nun lebten im Hanoier Hoàn-Kiếm-See tatsächlich große Süßwasserschildkröten von zwei Schritt Länge. Heute ist es nur noch eine einzige, und sie ist arg mitgenommen. Der See ist einbetoniert, es gibt (illegale) Fischer dort, das Wasser ist nicht immer sauber. Die knapp 200 Kilogramm schwere Schildkröte hat Kratzer am Panzer, und sie ist

Im Hanoier Hoan-Kiem-See lebt noch immer eine große Wasserschildkröte. Auch deswegen heißt der kleine Turm links im Bild mittlerweile »Schildkrötenturm«. Wenn die Schildkröte auftaucht und sich zeigt, gilt dies als besonders glücksbringendes Ereignis und führt im Normalfall zu Menschenaufläufen.

alt. So alt, dass niemand weiß, wie lange sie noch lebt, was angesichts ihrer Symbolkraft eine erschreckende Vorstellung ist.

2011 wagte eine Gruppe Wissenschaftler deswegen das Undenkbare und fing die Schildkröte ein, um herauszufinden, ob sie sich fortpflanzen könne. Dabei gab es zwei Theorien. Die eine besagte, das altehrwürdige Tier gehöre zur Art *Rafetus swinhoei*, einer Riesenweichschildkröte aus Südchina, die vom Aussterben bedroht ist. Das war nun freilich für stolze Vietnamesen eine eher unbefriedigende Antwort: Der Beschützergeist, der Vietnam gegen China verteidigt, soll aus China kommen? Ausgerechnet? Ein vietnamesischer Biologe erklärte dann auch umgehend, es handele sich stattdessen um ein Einzelexemplar: *Rafetus leloii*, benannt nach König Lê Lợi.

Nachdem das Tier wieder aufgepäppelt wurde, kam es zurück in den See. Ohne Fortpflanzung. Einige Wissenschaftler kommentierten, es sei sowieso nicht klar, ob das respektable Wesen dazu noch in der Lage sei, zumal die wichtigste Frage zur Fortpflanzung nach wie vor ungeklärt ist: das Geschlecht.

Ostmeer
Namensstreit um Wellen

Ein Meer, das im Osten liegt, heißt ...? Ostmeer. Soweit ist das logisch. Schwieriger wird es, wenn das Meer nicht nur an ein Land grenzt, sondern an mehrere. Die Ostsee liegt nur aus deutscher Sicht im Osten, international heißt sie Baltisches Meer. Das vietnamesische Ostmeer heißt international Südchinesisches Meer.

Das aber ist ein Problem.

Denn China erhebt Anspruch auf mehrere Inseln im Südchinesischen Meer. Es geht um Erdöl, um Gas, um Fischereirechte, um Seefahrtswege und um strategischen Einfluss. Es geht um sehr viel. Und der Name Südchinesisches Meer klingt verdächtig nach einem Vorteil für China, fürchtet man in Vietnam. Denn Vietnam erhebt ebenfalls Anspruch auf die Inseln, und damit auch gar niemand auf die Idee kommt, an diesem Anspruch zu zweifeln, lautet die interne Sprachregelung: Es gibt kein Südchinesisches Meer. Es gibt nur das Ostmeer.

Vietnam kann mithilfe verschiedener alter Dokumente belegen, dass schon zu früheren Königszeiten Expeditionen auf jene Inseln gestartet sind. Heute leben auf einigen größeren Inseln vietnamesische Bauern und Soldaten. China kontert, indem man einfach einige der Inseln per Federstrich administrativ

eingliedert oder die Förderrechte für Bodenschätze bereits im Vorfeld verkauft. Offiziell betonen beide Seiten, die Sache friedlich lösen zu wollen. Aber darunter brodelt es – keiner will einen Schritt von seinen Ansprüchen weichen.

China und Vietnam sind übrigens nicht die einzigen in dem Spiel um Einfluss und Ressourcen. Auch Indonesien, Brunei oder die Philippinen erheben Anspruch. Die Philippinen haben vor einiger Zeit entschieden, das gesamte Gewässer fortan »Philippinisches Westmeer« zu nennen.

Chinesisches Schach
Mit Kanonen und Zigaretten

Manche sitzen den ganzen Tag da und spielen. Eines der ungelösten Rätsel Vietnams besteht darin, wieso vietnamesische Männer so viel Zeit haben, um am Straßenrand zu sitzen und Tee zu trinken, zu rauchen oder zu spielen. Wobei eine mögliche Antwort schon sein könnte, dass es auffälligerweise immer nur die Männer sind. Manche Männer also sitzen den ganzen Tag da. Sie spielen Schach, die chinesische Variante.

Chinesisches Schach oder »Generalsschach«, wie die Vietnamesen es nennen, ist dem westlichen Schach gerade ähnlich genug, um das Gefühl zu haben, dass man es eigentlich spielen können müsste. Figuren, Spielziel, Bewegungen – alles wirkt vertraut. Eine kurze Partie überzeugt dann allerdings schnell vom Gegenteil. Schon allein eine Figur wie die Kanone, die zum Schlagen über andere Steine

Der deutsche Schachgroßmeister Hübner misst sich bei seinem Besuch in Hanoi simultan im »Generalsschach« gegen vietnamesische Besucher. Die Spielsteine sind rund und unterscheiden sich nur durch die Symbole. Man muss die Symbole kennen, um auch nur ansatzweise das Spiel spielen zu können.

springen muss, erfordert ein völlig anderes Denken. Von weiteren kleinen Regeln ganz zu schweigen. Vietnamesische Straßen allerdings sind ein guter Ort, um sich das Spiel schnell beibringen zu lassen. Denn Generalsschach wird hier selten einfach Mann gegen Mann gespielt. Anwesend ist meist auch noch eine Gruppe weiterer Männer, die sich mit Ratschlägen, Kommentaren und Zwischenrufen über das Brett beugt. Als Ausländer kann man einen sehr lehrreichen Nachmittag erleben, sollte allerdings auch darauf gefasst sein, mitzurauchen und mitzutrinken.

Der deutsche Schachgroßmeister Robert Hübner ist seit Jahrzehnten auch passionierter Spieler der östlichen Variante. Beim Besuch einer deutschen Schach-Delegation 2010 in Hanoi trat er sogar gleich zum Simultanwettkampf gegen eine Gruppe Vietnamesen an. Allerdings erfolglos. »Eins gegen eins hätte ich es vielleicht schaffen können«, sagte er anschließend. »Dazu haben sie hier einfach viel mehr Übung.«

Kein Wunder, wenn man jeden Tag auf der Straße spielt.

Glücksspiel
Ups, leider verloren

Geld verleihen ist immer mit einem gewissen Risiko verbunden. Auch in Vietnam. In Vietnam kann es allerdings passieren, dass der Schuldner erklärt: »Du, tut mir leid, ich habe das Geld nicht mehr, Bayern München hat gestern das Finale verloren.« Das muss man dann hinnehmen. Es bedeutet, dass das Geld tatsächlich weg ist. Verspielt. Manche Geschäftsleute erklären, sie machten am liebsten Geschäfte mit Frauen – bei denen sei die Chance geringer, dass sie plötzlich ihr Geld auf irgendetwas verwetten.

Glücksspiel ist in Vietnam illegal – überwiegend. Es gibt ein legales, offizielles, landesweites Lotto. Allerdings gibt es das inoffizielle gleich noch dazu. Das benutzt einfach dieselben gezogenen Zahlen, verspricht aber höhere Gewinne.

Darüber hinaus lässt sich auf alles mögliche wetten: auf Hahnenkämpfe, auf eine Partie Generalsschach. Große internationale Sportereignisse sind auch deswegen so beliebt, weil man darauf wetten kann. Fußballwetten sind eigentlich verboten, aber nicht verboten ist es, in den Sportzeitungen die Wettquoten abzudrucken.

Das Transportministerium sorgte 2006 für den größten Korruptions- und Wettskandal der jüngeren Geschichte und erschütterte damit für kurze Zeit das komplette politische System. Der Skandal: Die Infrastukturabteilung des Ministeriums hatte Staatsgelder auf Fußballspiele verzockt. 200 Beamte allein aus dieser einen Abteilung waren beteiligt. Sie verwetteten insgesamt umgerechnet rund anderthalb Millionen Euro, die eigentlich in den Straßenbau hätten fließen sollen. Ob sie auf Bayern München wetteten, ist allerdings nicht bekannt.

Eine Frau verkauft Tickets der offiziellen staatlichen Lotterie in Halong Stadt in der Provinz Quang Ninh. Lotterie heißt *xổ số*, *số* kann sowohl »Zahl« als auch »Schicksal« bedeuten.

Karaoke
Nicht tanzen

Die Regierung überraschte 2009 mit einem ganz besonderen Dekret: Sie verbot das Tanzen. Genauer gesagt, das Tanzen in Karaoke-Bars. Das Karaoke-Singen, also das Singen zu Playbackmusik, ist Volksunterhaltung in Vietnam. Es findet nicht, wie in Europa, in der Öffentlichkeit statt, sondern in gezielt von Gruppen gebuchten Räumen. Fünf junge Frauen, die Geburtstag feiern wollen. Zehn Kollegen, die irgendein Jubiläum begehen. Dreißig in Vietnam lebende Ausländer, die gerade ein Konzert gegeben haben.

Das ist, so gesehen, eine sehr harmlose und sehr lustige Beschäftigung. Die Regierung befürchtet allerdings, dass einige dieser Gruppen sich nicht nur zum Singen in den kleinen Räumen mit Fernseher versammeln. Manchmal kommen zu einer Gruppe singender Männer auch leichtbekleidete Frauen hinzu. Oder es werden illegale, erheiternde Substanzen konsumiert. Bier zählt nicht dazu, Bier gehört zu Karaoke wie das Mikrofon.

Der Gesetzgeber folgerte aus all dem: Stundenlang tanzen kann nur, wer vorher gewisse Pillen eingeworfen hat. Außerdem ist Tanzen sowieso verdächtig und weist auf Prostitution hin. Wer also ausgiebig in Karaoke-Bars gemeinsam singt und tanzt, der muss vorher Drogen genommen haben oder seinen Körper verkaufen wollen. Ein Parlamentarier schränkte in der Zeitung ein, man müsse allerdings auch der Situation gerecht werden: »Wer

Karaokehäuser sind oft aufwändig gestaltete Gebäude mit viel Glitzer, Glamour und pompös eingerichteten Singzimmern. Es geht aber auch schlichter. Das Wichtigste sind ein Fernseher, zwei Mikrofone und viel Bier.

sich zu sanfter Musik bewegt, dabei nicht laut singt und keinen Wein trinkt, der wird eine milde Strafe erhalten.«

Geändert hat sich seit 2009 freilich wenig. Das ist so mit Gesetzen in Vietnam. Sie sind dehnbar. Menschen gehen weiter singen. Vermutlich

konsumieren einige dabei auch Dro-
gen. Gelegentlich macht die Polizei Razzien in
Bars und Diskotheken und verhaftet Drogenhändler und Prostituierte.
Ich habe schon des Öfteren Karaoke gesungen. Dabei nach einiger
Zeit nicht zu wippen, zu hüpfen oder zu tanzen, ist schwierig. Harte
Drogen oder Sex jedoch würden ganz eindeutig beim Singen stören.

Kaffee
Einfaches Lebensgefühl

Vietnams Kaffee ist schlicht, sagt naserümpfend der Weltmarkt. Zumindest werden vietnamesische Kaffeesorten meist verkauft, um unter andere Sorten gemischt zu werden. Vietnam ist weltweit der zweitgrößte Kaffee-Exporteur hinter Brasilien. Das weiß nur kaum jemand, weil es keine herausragende vietnamesische Marke gibt.

Wer Gast in Vietnam ist, kommt dagegen zu einem anderen Schluss. Kaffee ist Lebensgefühl. Auf eine ganz subtile und bodenständige Weise. Zwar gibt es mittlerweile auch die modern anmutenden, klimatisierten Kaffeehallen, in denen hinter großen Glasfronten Süßes serviert wird. Das Herz der vietnamesischen Kaffeekultur aber ist das kleine Familiencafé.

Man könnte manchmal den Eindruck gewinnen, jede Familie, die nicht weiß, was sie mit dem Erdgeschoss ihres Eigenheims anfangen soll, eröffnet ein Café. Vor allem auf dem Land oder in den Vorstädten steht eines neben dem anderen. Hier wird Kaffee aus kleinen Espresso-Bechern getrunken. Nicht gepresst, sondern getropft. Dazu wird geraucht, geredet. Früher, als es kein Internet und kaum Telefon gab, also vor gar nicht langer Zeit, ging ins Café, wer sich treffen wollte: irgendjemand würde schon auftauchen. Wenn nicht in diesem, dann im nächsten Café.

Getrunken wird der vietnamesische Kaffee entweder pur oder mit süßer Kondensmilch. Ein klassisches Café hat keine andere Auswahl. Man bestellt entweder »schwarz« oder »braun«, was eine sehr treffende Farbbeschreibung ist. Oft befremdlich, aber fast lebensnotwendig in der sommerlichen Hitze ist »Eiskaffee«. Der enthält nicht etwa modernen Schnickschnack wie Eiscreme, sondern ganz schlicht ein paar in den Kaffee geworfene Eiswürfel.

Schlichtheit kann auch schmecken.

Eiswürfel
Für Kaffee und Bier

Es sollte in einem so heißen Land eigentlich nicht überraschen, dass zahlreiche Getränke lieber kalt konsumiert werden. Verblüffend für manche Gäste ist allerdings, was dazu zählt. Kaffee zum Beispiel oder auch Tee. Ein Kellner, der etwas auf sich hält, wird bei der Bestellung immer fragen, ob man solche Getränke kalt möchte. Wer nicht gefragt wird, sollte vielleicht lieber selbst noch einmal nachfragen – vielleicht geht der gute Mann auch davon aus, dass man bei solchem Wetter auf jeden Fall kalten Kaffee trinkt.

Eiswürfel passen ebenfalls hervorragend zu Bier und Wein. Das liegt wohl auch daran, dass in der Vergangenheit Kneipen und Biergärten gar nicht die Mittel hatten, um sich große, teure Kühlschränke hinter den Tresen zu stellen. Wer auf dem Land ein kaltes Bier bestellt, bekommt im Normalfall eine warme Dose, ein Glas und Eiswürfel.

Ob der Magen des Reisenden das gut verträgt, hängt zunächst einmal davon ab, wo die Eiswürfel herkommen. Touristen haben oft Angst vor Eiswürfeln, weil sie verunreinigtes Wasser und Keime enthalten können. Haben die Eiswürfel gestanzte Löcher oder eine industriell einheitliche Form, stammen sie in Vietnam höchstwahrscheinlich aus aufbereitetem Wasser aus der Tiefkühltruhe und sind relativ unbedenklich. Sind sie jedoch mit der Machete kleingehauen, empfiehlt sich Zurückhaltung. Oft ist das Eis dann nämlich in Form von großen Blöcken vorher durch das Land gefahren und in kleinen Portionen verkauft worden.

Besser, als solches Eis zu trinken, ist es, den Eisblockverkäufern zu-
zusehen, wie sie mit Stock und Messer die enormen Eisklötze zerkleinern. Macht ebenfalls Spaß und ist für den Magen in jedem Fall scho-
nender.

Winter
Zwölf Grad Celsius können richtig kalt sein

Vietnamesische Winter sind warm, gemütlich und trocken. Ein tropischer Traum. Das gilt für Südvietnam und auch noch für Teile Mittelvietnams. Für den Norden gilt es leider nicht. Der Süden darf sich beklagen, dass das Jahr mit nur zwei Jahreszeiten ein wenig eintönig vorüberplätschert. Der Norden hingegen klagt, dass es vier Jahreszeiten gibt. Denn drei davon sind ungemütlich – zu warm, zu kalt oder zu nass. Der Winter ist die ungemütlichste.

Es gibt Kanadier in Hanoi, die fangen an zu lachen, wenn die ersten Vietnamesen im Januar ihre Handschuhe, ihre dicken Winterjacken und ihre Ohrenwärmer hervorholen und sich damit in den Straßen zeigen. Manchen vergeht drei Wochen später das Lachen. Einige tragen dann plötzlich selbst Schal und Mantel.

Das liegt an zwei Dingen: der Feuchtigkeit und der Architektur. Feuchtigkeit ist fies. Sie zieht durch Mark und Bein. Kein Kleidungsstück scheint so recht gegen Feuchtigkeit zu helfen, erst recht nicht, wenn der Stoff selbst schnell klamm wird. Und: Kaum ein Haus ist warm. Es gibt keine Heizung. Es gibt höchstens Heizstrahler, die punktuell für Wärme sorgen. Man läuft den ganzen Tag durch nasskühles Wetter, arbeitet im Büro im nasskühlen Wetter und sitzt zu Hause am Esstisch im nasskühlen Wetter. Wärme bringen höchstens die Dusche und das Bett, wenn nicht auch das feuchtklamm ist.

Die hilfreichste Erfindung für diese Jahreszeit ist der fingerlose Handschuh. Er sorgt dafür, dass die Hände im Büro warm genug bleiben, um den Computer zu bedienen. Vietnam ist nicht das Land, das man spontan mit fingerlosen Wollhandschuhen in Verbindung bringen würde, aber viele alte Bürogebäude lassen gar keine andere Wahl.

Die Vietnamesen könnten freilich auch Heizungen installieren. Sie tun dies vermutlich aus

demselben Grund nicht, warum in Mitteleuropa die Klimaanlagen so selten sind: Für zwei Monate im Jahr lohnt der Aufwand nicht. Spätestens im schwülheißen Mai wundert sich sowieso jeder, wie er jemals Handschuhe tragen konnte.

Kohle
Für Suppe und Staat

Mit der Handpresse formt Hạnh den feuchten, lehmigen Kohlenschlamm zu bienenwabenförmigen Briketts und stellt sie in einer Reihe zum Trocknen auf. Wie viele sie pro Tag macht, weiß sie gar nicht. Unzählige. Die schwarzen Zylinder stapeln sich an der Wand und auf der Straße, bis sie verkauft, abgeholt und in die Stadt transportiert werden.

Suppenküchen, Handwerksbetriebe, sogar manche Privatpersonen heizen noch mit den Kohlenbriketts. Für die ständig auf dem Feuer kochende Suppe verbrennen schnell mal 60 Briketts täglich. Sonderlich umweltschonend mag das nicht sein – günstig ist es auf jeden Fall. Ein paar tausend Đồng kostet so ein Brikett, umgerechnet ein paar Cents. Es glüht mehrere Stunden, besteht aus Schlacke, Kohlenschlamm, Kohlenstaub und wirkt wie ein Relikt aus vergangenen Jahrhunderten. Tatsächlich aber wurde es erst in den 1980er-

Eine Kohlefrau schabt aus Kohlenmatsch schwarze Klumpen, die dann in der Presse zu runden Waben geformt werden. Das gelbe Sandgemisch dient zum Trocknen. An der Wand hinter ihr stapeln sich die Kohlesteine. Anschließend werden die Steine im Hof zum Abtransport gelagert. Wegen ihrer Löcher heißen sie auch »Bienenwaben«.

Jahren eingeführt. Damals eine Sache von Staatsbetrieben, heute eine Angelegenheit kleiner Privatbetriebe, wie dem von Hạnh.

Das große Geschäft mit der Kohle ist dagegen noch immer in staatlicher Hand. Über 50 Minen, fast alles Tagebaue, durchziehen das Land, alle in der Hand des staatlichen Bergbaukonzerns Vinacomin. Die meisten Minen liegen in der Provinz Quang Ninh, die erhabene Naturschönheit der Halong-Bucht (siehe Seite 276) ist in Wirklichkeit umgeben von staubig-schwarzen Kohlegruben. Schon vor 100 Jahren war die Kohle in Nordvietnam einer der Gründe für das französische Kolonialinteresse. Wissenschaftler vermuten noch viel größere Vorkommen direkt im Delta des Roten Flusses, dem Herzen der nordvietnamesischen Landwirtschaft.

Auch Vietnams Energiewirtschaft ist von der Kohle abhängig. Neben Wasserkraftwerken sind kohlebetriebene Kraftwerke fast die einzige Möglichkeit für Vietnam, Strom zu produzieren. Gerade unlängst wurden deshalb die Exportsteuern erhöht: Die Kohle soll im Land bleiben. Wie lange sie noch mit Fahrrädern und Motorrollern in Form von Briketts durch das Land fährt, ist allerdings fraglich: Hạnh beklagt seit Jahren sinkende Umsätze. Ihren Konkurrenten gehe es ähnlich, sagt sie.

Taifun
Die alltägliche Katastrophe

Jeden Sommer beginnt die Taifunsaison in Vietnam. Dann werden in den Abendnachrichten wieder Bilder gezeigt von sich drehenden Wolkenkreisen vor der Küste, und in deutschen Zeitungen erscheinen kleine Randmeldungen: »Taifun Mirinae – fast 100 Tote«. »Taifun Megi – bislang 75 Tote«. »Taifun Nesat – Zehntausende bringen sich in Sicherheit«.

Die Taifune, die über Vietnam fegen, kommen meist zuvor über die Philippinen oder die chinesische Küste. Es wäre also Zeit, sich vorzubereiten. In der Realität aber nützt das oft wenig. Einerseits sind die Wege der Stürme trotzdem schwer vorherzusagen. Andererseits treffen die Taifune immer auf besonders arme Regionen. Landstriche, in denen Holzhäuser stehen, Fischer in kleinen Booten aufs Meer hinausfahren, Bauern von der Garnelenzucht leben. Manche Stürme schwächen sich ab, andere bringen Überschwemmungen und Zerstörung entlang der ganzen Küste. Vietnam hat eine lange Küste, mehr als 3.000 Kilometer. Taifune sind ein alter Teil der vietnamesischen Geschichte, aber ihre Wirkung hat sich verstärkt, seit die Menschen an den Küsten Mangroven, Bäume und Büsche gerodet haben, um mehr Platz zu schaffen für Garnelen und Fischzucht.

Hinzu kommt: Viele der Bewohner können nicht schwimmen. Jedes Jahr ertrinken in Vietnam mehr als 3.000 Menschen, vor allem Kinder, weil sie in Wasserlöcher, Tümpel oder Flüsse fallen. Reißende Wasserfluten werden da erst recht zum Problem. Hilfsorganisationen setzen deswegen mittlerweile auf Vorbereitungsprogramme: Dorfbewohner sollen Erste Hilfe, Seerettung und schwimmen lernen. An den Taifunen selbst lässt sich wenig ändern. Sie werden wiederkommen. Auch nächstes Jahr. »Ach, meine Habseligkeiten sind nicht wichtig«, sagt eine alte Frau in einem Video des Roten Kreuzes lächelnd in die Kamera. »Aber ich möchte doch lieber an hohem Alter sterben als ertrinken.«

CHO THUÊ XE DU LỊCH

PHỤC VỤ: CƯỚI HỎI, THAM QUAN DU LỊCH, LỄ HỘI

(4-7-24-35-45 CHỖ)

NHẬN HỒ SƠ HỌC LÁI XE CÁC HẠNG

LIÊN HỆ: 0906016336 - 0912790022

Normalerweise bleibt Hanoi von Taifunen verschont, weil es im Landesinneren liegt. Im Sommer 2012 allerdings brachte ein Wirbelsturm mehrere Bäume zum Umsturz. Ein Taxifahrer wurde dabei in seinem Auto erschlagen. Verglichen mit den jährlichen Schäden und Todesfällen entlang der Küste sind das freilich noch glimpfliche Folgen.

Gummisandalen
Das einzig sinnvolle Schuhwerk

Die allgegenwärtige Gummisandale wird oft als Zeichen von Armut missverstanden. Nun ist es kein Geheimnis, dass eine solche Sandale nicht viel Geld kostet, und sicherlich sitzt sie an dem einen oder anderen Fuß auch schlicht deswegen, weil der Besitzer sich keine teureren Schuhe leisten kann.

Die Sandale hat aber auch einen echten praktischen Nutzen, den jeder sofort versteht, wenn er mal in Vietnam in einen Regenschauer hineingeraten ist. Regenschauer in Vietnam sind gerne heftig und kurz. So heftig in so kurzer Zeit, dass die alte Kanalisation kollabiert und sich Straßen in Bäche oder Tümpel verwandeln. Selbst ohne schwimmende Straßen kann ein richtiger Re-

Es gehört sich in Vietnam, vor dem Besuch eines Hauses die Schuhe auszuziehen. Deswegen tummelt sich die Gummisandale hier zusammen mit Lederschuhen und Ledersandalen. Der Mann auf dem linken Foto hat allerdings keine anderen Schuhe. Er ist soeben mit den Gummisandalen eine halbe Stunde über Steine und Erdwege zum Arzt gelaufen.

genschauer einen Menschen schnell mal durchnässen, bevor er sich ins Trockene retten kann.

Hier kommt die Gummisandale ins Spiel. Einer Sandale macht ein Regenschauer nichts aus. Es macht ihr auch nichts aus, in knöcheltiefen Pfützen zu stehen, kübelweise Spritzwasser abzubekommen oder am Standbein des Rollerfahrers im Straßenmorast zu dienen. Sobald man zu Hause ankommt, ist sie fast schon wieder trocken. Da kann ein Turnschuh nicht mithalten.

Mysteriös wird es, sobald die Einwohner in den nordvietnamesischen Bergen in Gummisandalen über Bergpfade klettern. Touristen in Wanderschuhen kommen sich da etwas peinlich berührt vor. Allerdings nur bis zum ersten Schlammloch. Vietnamesische Bergpfade haben erstaunlich viele Schlammlöcher. Auch hier erweist sich die Gummisandale als evolutionär überlegen. Der Eindruck, dass die Sandale auf wundersame Weise vom schlüpfrigen Schuhwerk zum trittsicheren Schuh mutiert ist, täuscht aber trotzdem. Die Wahrheit ist wohl schlicht, dass die Einheimischen genau wissen, wohin sie ihre Füße setzen.

Fangfragen
Suppe schmeckt nicht besser als Reis

Touristen und Ausländer in Vietnam werden gerne mal gefragt, wie sie das vietnamesische Essen finden. Darauf empfiehlt es sich natürlich, höflich zu sagen, dass vietnamesisches Essen sehr gut sei. Was nicht weiter schwerfallen sollte, immerhin ist es das auch.

Schwieriger wird es, sollte ein grinsender, meist männlicher Gesprächspartner fragen, ob man denn lieber die traditionelle Nudelsuppe *Phở* (siehe Seite 40) oder Reis isst. Auf diese Frage sollte man vielleicht lieber gar nicht antworten. Möglicherweise ist sie nämlich nur gestellt, damit der Gesprächspartner etwas zu lachen hat. Es gibt nämlich eine Redewendung in Vietnam, die da lautet: »Lieber Suppe als Reis essen«, und das wiederum bedeutet, dass man eine Liebhaberin hat.

Der kulinarische Hintergrund liegt darin, dass eine anständige *Phở* sehr aufwändig zu kochen ist. Sie braucht mindestens mehrere Stunden, vielleicht sogar einen Tag. Nur (noch) sehr wenige Familien machen das zu Hause, stattdessen geht man in eine der Straßenküchen, wo der Suppentopf Tag und Nacht über dem Feuer brutzelt. Reis isst man also zu Hause, *Phở* isst man außerhalb.

Wobei das nicht ganz stimmt. Aufmerksame Beobachter können Vietnamesen sehen, die die Suppe in verschließbaren Henkeltöpfen nach Hause transportieren, weil dort jemand krank ist oder nicht aus dem

Haus gehen will. Davon abgesehen halten wir aber einfach mal fest: Suppe schmeckt nicht besser als Reis. Und wer das anders sieht, sollte es zumindest nicht öffentlich sagen.

Vietnamesisches Essen ist unbestreitbar lecker. Hier eine Menü-Auswahl in einem Mittagsrestaurant. Auf die Frage nach *phở* oder Reis empfiehlt es sich, höflich zu schweigen.

Fahrrad
Vom Niedergang eines Verkehrsmittels

Es gab eine Zeit, da waren die vietnamesischen Städte voller Fahrräder. Das ist noch gar nicht so lange her. Selbst in den frühen 1990er-Jahren waren Motorroller noch etwas Besonderes (und meistens sehr klein, um nicht zu sagen niedlich). Stattdessen fuhr jeder Fahrrad. Das muss man sich in etwa so vorstellen wie heute, nur mit weniger Geknatter, weniger Hupen und etwas langsamer. Wobei ich mir bei Letzterem nicht ganz so sicher bin. Dieser Hintergrund erklärt wohl auch, warum einige Lastwagenfahrer sich heute noch so verhalten, als säßen sie auf einem Fahrrad und könnten ohne Probleme schnell auf der Gegenfahrbahn überholen.

Im modernen Vietnam wird Gegenwart manchmal sehr schnell Vergangenheit. Das Fahrrad hat seinen Platz im Verkehr verloren. Es ist zu einem Statussymbol geworden. Allerdings zu einem mit niedrigem Status: Wer Fahrrad fährt, der ist entweder zu jung für ein motorisiertes Zweirad oder er hat kein Geld. Kinder fahren Fahrrad, arme Studenten fahren Fahrrad, mittellose Menschen fahren Fahrrad. Der Rest fährt motorisiert.

Zugegeben, Fahrradfahren kann bei schwülheißen Temperaturen sehr anstrengend sein. Ein Spaß ist es mitten im großstädtischen Verkehrschaos sowieso nicht. Der Fahrradfahrer hat eigentlich nur einen entscheidenden Vorteil: Er ist nie an Unfällen schuld. Aus Prinzip nicht oder weil Polizisten wissen, dass bei Fahrradfahrern eh kein Geld zu holen ist. Das wiederum erklärt, warum sehr viele Fahrradfahrer durch die Straßen fahren, als seien sie Schlafwandler. Fahrradfahrer halten nicht an Ampeln. Sie halten eigentlich grundsätzlich sehr selten. Sie fahren immer weiter.

Man muss es wohl der Verkehrserziehung ankreiden, dass gerade den jungen Fahrradfahrern niemand erklärt: Nicht Schuld zu sein hilft wenig, wenn du nach einem Unfall am Boden liegst.

Fahrradfahrer dürfen alles. Auch gegen die Fahrtrichtung fahren. Polizisten halten Fahrräder nicht an, weil diese ohnehin keine Strafen zahlen können.

Hupe
Die Botschaft entschlüsseln

Die Hupe ersetzt in Vietnam sämtliche Verkehrsregeln. Wer hupt, hat recht. Schwieriger ist schon herauszufinden, welche Regel der hupende Fahrer gerade genau beanspruchen möchte. Hupen kann bedeuten:»Achtung, ich überhole rechts!« oder auch»Achtung, ich überhole links!« oder auch»Achtung, ich komme quer von der Seite!« oder von vorne.

Desweiteren kann Gehupe folgende Botschaften transportieren:

»Mir ist gerade langweilig.«

»Warum ist die Ampel rot? Ich hab's eilig.«

»Warum stehe ich hier im Stau? Ich hab's eilig.«

»Huhu!«

»Ich habe schon seit einer Minute nicht mehr gehupt, es ist so still.«

»Warum regnet es? Mist.«

»Du bist vor mir. Ich sehe dich.«

»Ich will nur mal kurz testen, ob meine Hupe noch geht.«

»Schau mal, was für eine tolle Hupe ich habe!«

Letztere Variante wird vor allem gewählt von Fahrern mit Signaltönen, die normalerweise zu Lastwagen passen. Oder auch zu Kinderspielzeugen. Die Bandbreite reicht von »Dideldü-Dideldü-Dööö« bis zu »Ba-DIIIIAAAA!« Während solche Tongebilde spielen, hätten andere Fahrer die Zeit, dreimal auf ihre Hupe zu drücken. Genauer gesagt: Das tun sie auch.

Hupen ist ein Lebensgefühl in Vietnam. Hupen ist irgendetwas zwischen expressionistischer Kunst und anarchischer Straßenpolitik. Für eine Sache allerdings eignet es sich nicht: andere Fahrer zum Zuhören zu bringen. Kein Fahrer, der in Vietnam unterwegs ist, hört ernsthaft zu, wenn andere um ihn herum hupen. Dazu hupen einfach zu viele.

Man kann schließlich nicht auf alles achten.

Es gibt tatsächlich Hupverbotsschilder in Vietnam. Sie sind bisweilen allerdings schwer zu entdecken. Dieses steht an der Hanoier Hai-Ba-Trung-Straße, einer sehr geschäftigen Hauptstraße. Direkt nebenan befindet sich ein Krankenhaus.

Stapeln
Nichts ist unmöglich

Es gibt nichts, was man auf einem vietnamesischen Motorroller nicht transportieren kann. Zwei tote Büffel? Natürlich. Einer rechts, einer links. Dasselbe ist möglich mit sechs Schweinen oder zwei Kühlschränken.

Es sind aber nicht unbedingt diese Superlative, welche die vietnamesische Stapelkunst so besonders machen, sondern eher die alltäglichen Varianten. Schon ein einziger Kühlschrank auf einem Motorroller wirkt durchaus beeindruckend. Hühner, Goldfische in Plastikbeuteln, Möbel, Eisenteile, Reifen ... Wann immer es darum geht, Dinge zu transportieren, wird zunächst einmal geschaut, ob sie irgendwie auf ein Zweirad passen. Erst wenn das absolut ausgeschlossen ist, wird die Möglichkeit eines anderen Lastfahrzeugs überhaupt in Betracht gezogen.

Natürlich gibt es Tricks. Motorräder können mithilfe von Eisenstangen, Holzplattformen und anderen Hilfsmitteln so aufgerüstet werden, dass sie große Dinge leichter transportieren können. Stabil ist das nicht zwangsläufig. Im Straßenverkehr sollte man schwer bepackten Zweirädern eher aus dem Weg gehen – sie tendieren dazu, stur geradeaus zu fahren, weil Anhalten das Gleichgewicht stören würde.

Ein kompletter Kühlschrank auf dem Rücksitz?
Kein Problem für vietnamesische Fahrer.

Überseehandel
Überlebenswichtiges Meer

Als sich Anfang des 17. Jahrhunderts die Familie der Nguyễns vom Königshof lossagte und auf dem Gebiet des heutigen Zentralvietnams ihr eigenes Königreich gründete, schien es nur eine Frage der Zeit, bis der Norden die Abtrünnigen wieder schlucken würde. Denn der Norden verfügte über mehr Menschen, mehr Ackerfläche, kurz: mehr Macht. Das Südvietnam der Nguyễns dagegen war ein noch nicht in sich selbst gefestigtes Land, das mehrere andere Völker erobert und eingegliedert hatte. Das Ackerland rund um die zentralvietnamesische Hauptstadt Hue war karg.

Tatsächlich aber überlebte das neue Reich nicht nur ein halbes Jahrhundert Bürgerkrieg gegen das »alte« Vietnam, sondern bestand sogar fast 200 Jahre. Am Ende übernahmen die Nguyễns im 19. Jahrhundert sogar die Herrschaft über das gesamte Land. Denn Nguyễn-Vietnam tat etwas bis dahin mehr oder weniger »unvietnamesisches«: Es setzte alle seine Energie auf den Handel. Genauer gesagt auf den Überseehandel mit Japan, China und dem Rest der asiatischen Welt. Die Hafenstadt Hoi An wurde zu einer der reichsten Städte der Region und zum Knotenpunkt eines asiatischen Handelsnetzwerks. In Hoi An stapelten sich zu jener Zeit Seide, Gewürze, Gold und seltene Hölzer. »Es gibt nichts, was man dort nicht bekommen kann«, notierte ein zeitgenössischer chinesischer Kapitän in sein Logbuch. Der Handel war so lukrativ, dass die komplette Gesellschaft sich auf die Produktion von Handelswaren konzentrierte, zum Beispiel auf Zuckerrohr- oder Seidenplantagen, und den Reisanbau völlig außer Acht ließ. Das Land musste sogar eine Zeit lang Reis importieren.

Handel war bis dahin etwas gewesen, das an Frauen delegiert oder vom Königshaus veranlasst wurde. Ausländische Händler wurden absichtlich von der Hauptstadt ferngehalten und nicht etwa durch Heirat in die Familie integriert, wie es die Nguyễns mit Japanern und Chinesen taten. Die gesamte Gesellschaft profitierte vom neuen Wohlstand, der Reichtum ermöglichte dem Land den Import moderner Kanonen und sicherte die Unabhängigkeit.

Das moderne Vietnam scheint zumindest in dieser Hinsicht ähnlich: Das Land zählt seit Jahren zu den führenden Exportnationen der Welt bei Kaffee und Reis, es exportiert Garnelen, Fische, Textilien, Schuhe und sogar in großem Stil Rohöl. Um die vietnamesische Wirtschaft am Laufen zu halten, müssen allerdings gleichzeitig teure Maschinen und raffiniertes Öl importiert werden, zusammen mit weiteren Gütern, die am Ende alle deutlich mehr kosten als der Export in die Kassen spült.

Hoi An, die prächtige Handelsstadt, ist heute ein verschlafener Touristenort. Der Hafen begann bereits im 18. Jahrhundert zu versanden. Immerhin: Die Moderne ist dadurch an der Stadt vorbeigezogen. Die alten Handelshäuser stehen noch heute hier. Sie erinnern an vergangenen Wohlstand.

Tieraugen
Auge für Auge, Magen für Magen

»Mit Haut und Haaren essen« ist in Vietnam nicht nur einfach eine Floskel. Es gibt eigentlich kein Körperteil, das nicht auf dem Teller landen könnte. *Phở* (siehe Seite 40) lässt sich in jeder Suppenküche aufpeppen mit Sehnen, Kutteln oder Knorpeln. In den Schlangenrestaurants gehört das Herz genauso zum Menü wie in Alkohol eingelegte Niere oder frittierte Haut. Und wer Hühnersuppe bestellt, dem kann es passieren, dass das Huhn einen anstarrt, während man die Suppe löffelt. Zumindest sieht es so aus, weil der Kopf komplett aus der Suppe ragt.

Innereien, Füße und Kopf gehören bei vielen Tieren zu den besonderen Delikatessen. Das ist für Gäste ein besonderes Problem, denn die vietnamesische Höflichkeit gebietet es, dem Gast die besten Stücke in die Schüssel zu legen. Neben der Tatsache, dass einige dieser Dinge auch in Europa als geschmackliche Besonderheiten gelten, gibt es einen weiteren Grund: Viele Vietnamesen glauben, dass Tierkörperteile besonders gut für die entsprechende Entwicklung menschlicher Körperteile sind.

Wer später gute Augen haben will, sollte möglichst früh anfangen, Fischköpfe (mit Augen) zu essen. Schweinehirn hilft der Intelligenz. Und von da aus ist es dann nur ein kleiner Sprung zur angeblichen Wunderwirksamkeit diverser Tiergenitalien (für Männer, versteht sich).

Man muss den Vietanamesen eines zugutehalten: Die ganze Sache klingt in der Tat viel einleuchtender, als der Vorschlag, für gute Augen möglichst viele Karotten zu essen.

Wer diese Suppe auslöffelt, muss sich dabei vom Huhn beobachten lassen. *Gà ác tần*, das schwarze Huhn in Kräutersuppe, ist eine besondere nordvietnamesische Delikatesse.

Banane
Benimmregeln für Obst

»Wenn du eine Frau siehst, die eine Banane isst, kannst du an ihren Essgewohnheiten sehen, woher sie kommt: Wenn sie die Banane in zwei Hälften teilt, kommt sie aus dem Norden. Isst sie die Banane, ohne sie vorher zu teilen, kommt sie aus dem Süden.«

Diese Weisheit haben manche Vietnamesen noch von ihren Großmüttern gehört. Wobei diese Herleitung wohl schon damals hinten und vorne nicht gestimmt hat. Stattdessen ging es darum zu unterstreichen, dass Nordvietnamesen »Sitten« haben, während die Bewohner im Süden – im »wilden« Süden, wohin im 18. und 19. Jahrhundert Auswanderer und Siedler zogen und sich mit anderen Völkern mischten – eben keine Sitten haben.

Denn eine alte Regel aus dem vietnamesischen Ess-Knigge besagt: Eine Banane wird nicht etwa geschält und dann aufgegessen. Das machen »nur Affen und Amerikaner« (in dieser Reihenfolge). Stattdessen wird sie mit einem geübten Handgriff in der Mitte zerteilt und anschließend in zwei Teilen gegessen.

Allerdings ist heute umstritten, ob diese Regel früher tatsächlich einmal gültig war. Einige Vietnamesen sind der Meinung, geschnitten werde eine Banane traditionell nur, wenn man sie auf dem Ahnenaltar opfere. Andere sagen, ihre Großmutter habe sie zwar gelehrt, niemals zu viel von der Schale abzuziehen (das sehe gierig aus), vom Schneiden sei aber keine Rede gewesen.

Im Vietnam des 20. Jahrhunderts hat das offenbar alles genauso viel mit der Realität zu tun wie Knigges Hausregeln: fast gar nichts. Eine kurze, nicht repräsentative Umfrage in meinem Bekanntenkreis ergab: Vietnamesen essen die Banane so, wie es ihnen gerade einfällt. Auch die Wohlerzogenen aus dem Norden.

Hund
Proteinhaltig

Eine Entwarnung vorweg: Ausländische Gäste müssen in Vietnam nicht fürchten, dass ihnen Hundefleisch untergemischt wird. Dazu gilt der Hund im Norden des Landes viel zu sehr als Delikatesse, mit entsprechend teuren Preisen. Im Süden wiederum ist Hund als Speise relativ unpopulär. »Das essen die im Norden«, heißt es da. Und »die im Norden« haben aus Sicht der Südvietnamesen sowieso keinen Geschmack.

Hundefleisch gilt als besonders kräftigend und proteinhaltig. Es wird vor allem gerne im Winter gegessen. Serviert wird es normalerweise in speziellen Hunderestaurants, großflächige Häuser, in denen vor allem männliche Kollegen zusammenkommen und gemeinsam feiern. In den ersten Tagen des Mondmonats ist das Fleisch tabu, und auch wer in die Pagode geht, isst vorher keinen Hund. Ansonsten aber herrscht achselzuckende Nüchternheit: Der Hund ist ein Tier wie jedes andere und landet damit auch auf dem Speisezettel. Der Geschmack ist herb und richtet sich sehr nach der Zubereitung. Hund mit Zitronensoße schmeckt nach Zitrone. Hund in Garnelenpaste schmeckt nach Garnele. Man muss Hund nicht unbedingt probieren.

Verwertet wird alles. Fettiges Fleisch auf Spießen, das andere Fleisch als Filet, die Knochen in die Suppe, das Blut für die Würste. Frühmorgens fangen die Mitarbeiter der Hunderestaurants bereits an, die Tiere zu verarbeiten. Heute wird meist vom Großhändler geliefert, die Tiere stammen aus Züchtung, was nicht heißt, dass es nicht auch Hundediebe gibt. Völlig unumstritten ist die Speise auch in Vietnam nicht – auf den Ahnenaltar zum Beispiel kommt kein Hund. »Deswegen muss man ihn zu Lebzeiten essen«, sagen die Verfechter. »Nach dem Tod bekomme ich ihn nicht mehr.«

Ein Verkäufer von Hundefleisch in Hanoi. Auf dem Tresen stapeln sich Blutwurst, Fleischspieße und komplette Tierteile. Hund gilt vor allem in Nordvietnam als Delikatesse.

Schwert im See
Warum die Wahrheit spannender ist als die Kurzversion

Die Legende vom Hoàn-Kiếm-See, dem Schwert und der Schildkröte wird fast jedem Touristen in Hanoi irgendwann einmal begegnen: Ein vietnamesischer Volksheld vertreibt im 15. Jahrhundert mit einem göttlichen Schwert die chinesischen Besatzer aus dem Land und krönt sich anschließend zum König. Das Schwert wird später beim Fischen im See von einer goldenen Schildkröte zurückgefordert.

Üblicherweise wird erklärt, dem Mann sei das Schwert beim Fischen im See ins Netz gegangen. In der eigentlichen Legende findet die Übergabe aber ganz anders statt. Dort ist es nicht der König, der das Schwert findet, sondern ein Fischer. Und der findet kein Schwert, sondern eine Eisenstange. Beim Fischen. Das will man als Fischer natürlich nicht, also schmeißt er die Stange ins Wasser zurück und fischt woanders weiter. Kurioserweise geht ihm aber auch beim zweiten Mal die Stange ins Netz. Und dann ein drittes Mal. Beim dritten Mal hat der Fischer die Botschaft verstanden und nimmt die Eisenstange mit, die sich als Schwertklinge entpuppt. Nur als Klinge, wohlgemerkt. Ohne Griff.

Die Schildkröte, die das Schwert von König Lê Lợi zurückfordert, hier verewigt auf der mehrere Kilometer langen Hanoier Mosaikmauer. Auf ihrem Rücken trägt sie den Literaturpavillon und die Einsäulenpagode.

Der Fischer schließt sich den Aufständischen gegen die Chinesen an, worauf die Klinge in Anwesenheit des Anführers (und späteren Königs) zu leuchten beginnt. Der König versteht die Botschaft sofort und nimmt die Klinge an sich. Kurze Zeit später begegnet ihm im Wald ein weiteres leuchtendes Etwas. Auf einer Baumspitze findet er schließlich: den Schwertgriff. Der Rest ist Geschichte.

Spannend ist, wie sich auf wundersame Weise Legenden rund um die Welt gleichen. Auch Frankreichs Jeanne d'Arc bekommt von göttlicher Kraft ein Schwert verliehen. Und die Engländer wiederum wissen, dass das Schwert Excalibur von einer »Herrin des Sees« im See versenkt wurde. Sogar Harry Potter findet sein Schwert im See.

Das Fazit müsste also möglicherweise lauten: Wenn jemand (aus welchem Grund auch immer) dringend ein Schwert braucht, sollte er mal beim nächsten See vorbei schauen. Und Fischer sollten Gerümpel, das sie im Netz finden, niemals zurück ins Wasser schmeißen.

Ist auch viel besser für die Umwelt.

Wasserpuppen
Spaß im Nassreisfeld

Der nordvietnamesische Winter kann recht frisch sein. Auf den Feldern wächst dann normalerweise gar nichts, die Bauern haben sehr viel Zeit und vermutlich auch Langeweile. So zumindest lässt sich die Enstehung einer ganz besonderen vietnamesischen Form der darstellenden Kunst erklären: dem Wasserpuppentheater.

Man stelle sich dazu ein Nassreisfeld vor, ein leeres – es ist ja schließlich Winter. Diese Felder sind eher Becken, in denen sich das Wasser sammelt, das den Reis nass hält. In einem leeren Becken kann der Bauer in so einem Winter die Puppen tanzen lassen. Und zwar, in dem er sich ins Wasser stellt und die Puppen von unten führt. Über der Wasserfläche sieht es dann so aus, als bewegten sich die Puppen von alleine. Vorausgesetzt, der Puppenspieler versteckt sich zusätzlich hinter einem Vorhang, etwas weiter weg. Was wiederum bedeutet, dass es sehr lange Stangen braucht, um die Puppen unter Wasser zu führen.

Aus diesem logischen Gedankengang muss das Wasserpuppentheater entstanden sein. Es ist also gewissermaßen ein umgedrehtes Marionettentheater. Wie die Puppenspieler es dabei schaffen, allein mit Holzstangen und beweglichen Puppenteilen fließende Bewegungen und Geschichten zu erzeugen, ist beeindruckend. Es muss damals auch recht ungesund gewesen sein, im Winter längere Zeit im Wasser zu stehen. Heute gibt es dafür Gummihosen.

Allerdings kann man das Schauspiel heute nicht mehr im Reisfeld anschauen, sondern nur noch an ausgesuchten Aufführungsorten. Und auch die werden immer weniger. Die älteste Bühne in einem echten See, gleich neben einer altehrwürdigen Pagode, wird nur noch selten bespielt. Die Bühne in Hanoi dagegen, auf der jeden Tag sechs Vorführungen stattfinden, hat deutlich mehr mit Popcorn zu tun, als mit nasskalten Wintern.

Karpfen
Vom Tellerwäscher zum Millionär

Haben Sie sich schon einmal gefragt, warum ein Karpfen Barteln hat? Die Vietnamesen kennen die Antwort. Sie weisen auf die Verwandtschaft des Fischs mit dem Drachen hin. Der Drache ist das höchste, das mächtigste, das heiligste aller Wesen (siehe Seite 16). Er steht nicht umsonst als Symbol für den König. Die Barteln des Fischs wiederum sagen: Selbst ein Karpfen kann zum Drachen werden. Gewissermaßen »vom Tellerwäscher zum Millionär« in der vietnamesischen Version.

In Legenden reiten Königssöhne auf Fischen, die sich in Drachen verwandeln und so von der glorreichen Herrschaft des Königs künden. Außerdem gibt es einmal im Jahr den Tag, an dem der Karpfen die Küchengötter in den Himmel fliegt. Die Küchengötter sind wichtige Herolde, die punktgenau eine Woche vor dem vietnamesischen Neujahr (siehe Seite 86) im Himmel über die guten Taten jeder Familie berichten. »Von hier bis zum Himmel ist es ja ziemlich weit, deswegen brauchen sie ein Transportmittel«, formulierte es vor einigen Jahren ein Kulturwissenschaftler im Radio.

Ein Transportmittel wie zum Beispiel den Karpfen. Eine Woche vor Neujahr ist es deswegen wichtige Tradition, dass jede Familie einen Karpfen in einem Teich oder einem See aussetzt. Leider sind Sitten heute auch nicht mehr das, was sie mal waren: Manche schmeißen ihre Fische einfach mitsamt der Plastiktüte ins Wasser – wo sie anschließend von Fischfängern herausgezogen werden, die sie weiterverkaufen. Wie die Küchengötter auf solchen Fischen in den Himmel kommen sollen, ist ein wenig schleierhaft.

Drache oder Karpfen? Beide haben lange Barteln und Schuppen und einen schlanken Körper. Deswegen heißt es vom Karpfen auch, er könne sich in einen Drachen verwandeln.

Kỳ lân
Kein Einhorn

Es gibt Wesen, die gibt es nicht. Insofern sind sie auch etwas schwer zu beschreiben. Drachen oder Vampire kommen in der weltweiten Mythenwelt in allen möglichen Gestalten daher (neuerdings funkeln manche angeblich sogar tagsüber), aber immerhin – an einigen Eigenschaften sind sie doch wiederzuerkennen.

Beim *kỳ lân* ist das anders. Das *kỳ lân* ist nicht so ohne Weiteres zu beschreiben. Es hat Hirschfüße, Hundeohren, ein Löwengesicht und Drachenschuppen. Manchmal. In anderen Fällen hat es auch Bullenfüße, einen Drachenkopf und den Körper eines Tigers. Oder Drachenfüße. Oder einen Hundekopf. Das *kỳ lân* sieht, kurz gesagt, aus wie eine Mischung zwischen Hund, Löwe, Drache und Pferd, nur jedes Mal ein wenig anders. Irgendjemand kam mal auf die Idee, das *kỳ lân* mit »Einhorn« zu übersetzen. Der Begriff hält sich hartnäckig in zahllosen Reiseführern.

Nun gibt es keine Einhörner, insofern ist es schwierig nachzuweisen, dass das *kỳ lân* kein Einhorn ist. Es hat allerdings kein Horn, was ein ziemlich gewichtiges Gegenargument darstellt. Wenn da nicht die Einschränkung käme: meistens. Manchmal hat es doch eines, manchmal auch zwei.

Das *kỳ lân* ist wichtig. Es ist eines der vier mythischen Tiere – die anderen sind Drache (siehe Seite 16), Schildkröte (siehe Seite 222) und Phoenix – und deswegen ist es überall zu finden: in Tempeln, in Königshäusern, sogar in Privathäusern. Es stammt ursprünglich aus China, wo es *qilin* heißt und manchmal aussieht wie eine Giraffe, und kam vermutlich erst im 17. Jahrhundert als Symbol nach Vietnam. Es ist ein Götterbote, der für Intelligenz steht und der große Taten oder friedliche Zeiten ankündigt. Es findet sich an den Königsgräbern von Hue genauso wie im Literaturtempel in Hanoi (siehe Seite 198). Es ist ein sehr vielseitiges Wesen, von dem eigentlich nur eines halbwegs sicher ist: Es ist kein Einhorn. Und es funkelt auch nicht.

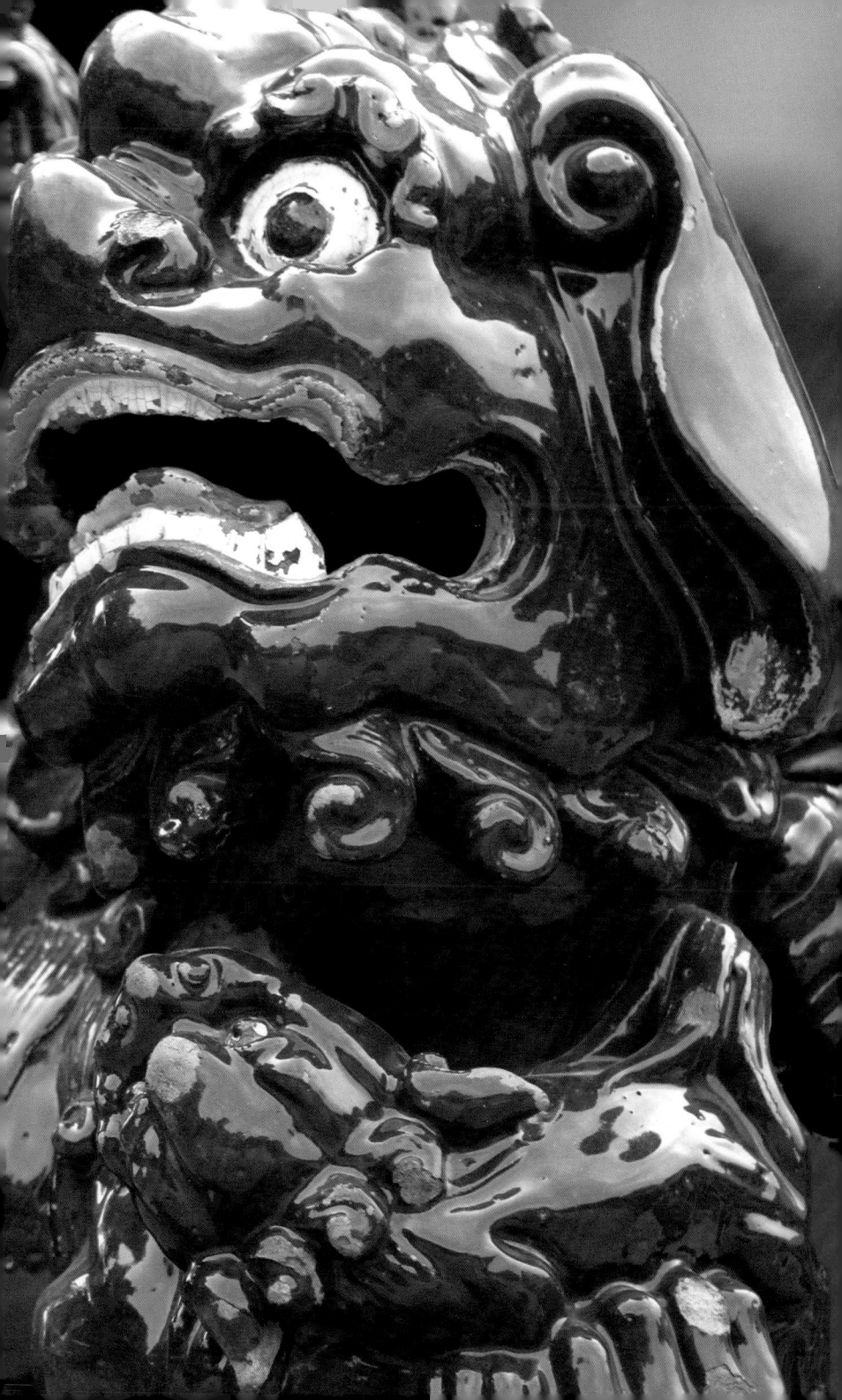

Rund und eckig
Was Kreis und Quadrat mit Müttern zu tun haben

Kreis und Quadrat haben in der chinesisch-asiatischen Welt eine besondere symbolische Bedeutung: Der Kreis steht (unter anderem) für den Himmel, das Quadrat für die Erde. Die Verbindung von beiden ist gewissermaßen das Universum, und nicht nur das, sondern gleichzeitig das »harmonische« Universum. Hinter dieser Denkschule steckt der Daoismus, dessen Philosophie von der Untrennbarkeit der Gegensätze ausgeht – am anschaulichsten verdeutlicht im bekannten Yin-Yang-Zeichen.

Das Gegensatzpaar Kreis und Quadrat wurde seitdem immer wieder in Kunst und Architektur aufgegriffen. Ein Kreis eingefasst in ein Quadrat ist ein häufiges architektonisches Stilmittel. Auch das neue Gebäude der vietnamesischen Nationalversammlung soll mit diesen Formen spielen.

Aus all dem ergibt sich dann wohl auch die Logik des Sinnspruches, mit dem eine glückliche Mutter nach der Geburt Freunde und Familie über die glückliche Geburt informiert. Da heißt es nämlich nicht: »Alles gut! Das Kind ist wohlauf!«, sondern es heißt: »Mẹ tròn, con vuông.« – »Die Mutter ist rund, das Kind ist quadratisch!«

Auch hier steht das Gegensatzpaar für Harmonie: Geburt geglückt, alles perfekt. Darüber hinaus aber darf gerätselt werden: Steht die Mutter für den Himmel, der das Kind auf die Erde gebracht hat? Wörtlich genommen ergibt der Satz schließlich keinen rechten Sinn: Wenn eine einstmals schwangere Frau eines nach der Geburt ganz sicherlich nicht mehr ist, dann ist es – rund.

Kreis und Quadrat im Kaiserpalast von Hue: Hier ist das vietnamesische runde Glückszeichen *phuc* von einem Quadrat eingefasst.

Ratte
Die allgegenwärtige Intelligenzbestie

Die Mäuse- oder Rattenhochzeit: Während in der Reihe oben die Katze mit Musik und Geschenken abgelenkt wird, kann die Hochzeitsdelegation unbemerkt vorbeiprozessieren.

Kreativ, charmant, intelligent – das sind nicht gerade Eigenschaften, die man im westlichen Kulturkreis mit der Ratte verbindet. In Vietnam hat die Ratte sogar ihr eigenes Tierkreiszeichen. 2009 war das Jahr der Ratte. Es führte unter anderem zu einem verstärkten Kauf von Hamstern, denn Hamster, Ratte und Maus haben im Vietnamesischen denselben Wortstamm *(chuột)*.

Wer nach Vietnam geht, sollte nicht rattenscheu sein. Die Nagetiere leben sehr gemütlich in den Tiefgaragen der Großstädte, in den Reisfeldern auf dem Land und auch in den Zwischendecken zahlreicher Büros und Wohnungen. Wenn es irgendwo oben raschelt, ist es möglicherweise eine Ratte. Vietnamesen pflegen zu den Nagern ein recht pragmatisches Verhältnis. Die Anwesenheit von Ratten wird einerseits gelassen hingenommen, andererseits werden die Tiere genauso nüchtern erjagt. Zum Beispiel, indem man sie am Schwanz packt und gegen die Wand haut.

Eines der berühmtesten Bildmotive in Vietnam zeigt eine Ratten- oder Mäusehochzeit. Die Mäuse bezirzen die Katze mit Geschenken, damit das Mäusebrautpaar in Ruhe feiern kann. Die Katze steht je nach Blickwinkel für »die Mächtigen« oder (wie so häufig) für China.

Als im 18. Jahrhundert die letzte große Pestwelle die Region heimsuchte, verhängte der König eine Rattenprämie, um die Krankheitserreger auszurotten. Daraufhin fingen zahlreiche Bürger an, Ratten zu züchten, um die Prämie einzustreichen. Nicht nur Ratten sind also kreativ und intelligent, die Vietnamesen sind es ebenfalls.

Grüner Tee
Bitteres Ritual

Tee wird in Vietnam in sehr kleinen, runden Teetassen serviert. Das ist auch gut so. Denn nur Hartgesottene können das Gebräu in großen Mengen genießen. Tee in Vietnam ist bitter. Das liegt nicht am Tee, sondern daran, dass er mit Vorliebe mehrere Minuten lang ziehen darf. So lange, bis er bitter und stark ist.

Tee gehört zum Ritual. Dem Gast im Büro, dem Besuch der Familie, dem Neuankömmling wird Tee serviert. Man nippt gemeinsam und beginnt erst dann die Verhandlungen oder den gemütlichen Plausch. In vielen Häusern oder Räumen gibt es dafür einen eigenen Teetisch.

Zum Tee eignet sich Süßes. Das entspricht der Gegensatzlehre des Daoismus: Zu Bitterem passt Süßes, das sorgt für den Ausgleich der Gegensätze und führt damit zur Harmonie. Oder banaler gesagt: So lässt sich der bittere Geschmack im Mund leichter ertragen.

Gehört zu jeder Mittagspause und zu jedem Geschäftsessen: grüner Tee in kleinen Tassen. Daneben eine *thuốc-lào*-Pfeife (siehe Seite 126).

Grünblaublind
Warum zwei Farben eine sind

Sprache bestimmt das Bewusstsein. Was einen Namen hat, das existiert. Wenn es doch nur so einfach wäre! Was genau ist Grün? Eine Mischung aus Gelb und Blau? Und was ist dann eine Mischung aus Gelb und Grün? Keine eigene Farbe, sondern »Hellgrün«. Also Grün. Diesen gedanklichen Umweg bitte im Hinterkopf behalten für das, was jetzt kommt: Grün und Blau sind dieselbe Farbe. Zumindest im Vietnamesischen.

Die Vietnamesen unterscheiden zwischen »Blattgrün« und »Himmelsgrün« oder je nachdem auch zwischen »Blattblau« und »Himmelsblau«. Der Wortstamm ist aber derselbe: *xanh* (gesprochen: ssäng). Damit sind sie übrigens nicht allein. Das Phänomen taucht in mehreren asiatischen Gesellschaften und weltweit entlang des Äquators auf.

Mit echter Farbsehschwäche, die ebenfalls existiert, hat das erst einmal nichts zu tun – viele Vietnamesen können ohne Probleme die Farben Grün und Blau in Fremdsprachen unterscheiden, genau wie Deutsche zwischen Hellgrün und Grün unterscheiden können. Wissenschaftler rätseln. Eine neuere Theorie vermutet, das UV-Licht der Tropen sorge für ein schnelleres Altern der Augen, sodass für Teile der Gesellschaft tatsächlich der Unterschied zwischen Blau und Grün schwerer werde.

Die Herangehensweise hat zumindest den Vorteil, dass man sich nicht streiten muss, ob Türkis eher blaugrün oder grünblau ist. Es ist im Vietnamesischen einfach Grün. Also Blau.

Resort im Badeort Nha Trang. Hier lassen sich die Grünblau-Unterschiede besonders angenehm studieren.

Nước mắm
Stinkendes Gold

Fischsoße stinkt. Vor allem in ihrer puren, reinen Version direkt aus der Flasche. Man darf sich allerdings nicht täuschen lassen: *nước mắm* gehört zu den Lebensmitteln, die in der Nase ganz anders ankommen als am Gaumen. Außerdem konsumiert niemand Fischsoße pur. Fischsoße wird unter die Speisen gerührt oder als Dip serviert – verdünnt mit Zitrone, Wasser und Zucker, eventuell gewürzt mit Paprika, Kräutern und Chili.

Für Kenner ist Fischsoße flüssiges Gold. Sie können über die unterschiedlichen Geschmacksnuancen philosophieren, wie andernorts Weinliebhaber oder Teetrinker. Die beste Fischsoße Vietnams kommt, so heißt es, von Phú Quốc, jener ganz im Südwesten gelegenen Insel in Spuckweite zu Kambodscha, die ganz früher militärisches Sperrgebiet war, dann ein gewisperter Geheimtipp für Individualreisende und heute immer rasanter erschlossen wird.

Dort, aber auch anderswo entlang der vietnamesischen Küste, werden die Fische (meist Sardellen) in übermannsgroßen Bottichen gelagert und mit Salz fermentiert, bis sie sich in eine dunkle, zähe Brühe verwandeln, aus der tropfenweise eine klare, rotbraune Flüssigkeit wird. Bei Qualitätsware dauert der Prozess ein Jahr.

Nước mắm schmeckt übrigens nach dieser Zeit nicht mehr nach Fisch. Je länger sie fermentiert, desto weniger Fischgeschmack bleibt. Sie schmeckt salzig. Fischsoße ist in der vietnamesischen Küche der

Salzersatz. Tatsächlich salzen vietnamesische Köchinnen und Köche eigentlich gar nicht. Dafür steht schließlich später das Soßenschälchen auf dem Tisch.

Meterware. Ein Supermarkt in Hanoi bietet Fischsoße an, die Flaschen füllen ein ganzes Regal.

Phong Nha Kẻ Bàng
Eine Höhle putzt sich heraus

Vietnam ist geologisch gesehen eine Region, die in weiten Teilen
von Karstgestein geprägt ist. Das führt zum einen zu Naturschön-
heiten wie der Halong-Bucht (siehe Seite 276) sowie andererseits zu zahlreichen Höhlen, Gängen und natürlichen Tunneln
unter der Erde. Einige davon sind noch gar nicht erforscht, andere
erlauben mittlerweile Spaziergänge für Touristen. Hồ Chí Minh
plante die letzte Phase der Revolution in einer nordvietnamesischen Höhle. Im Krieg dienten Höhlen als Verstecke. Höhlen haben
in Vietnam Geschichte – in mehrfacher Hinsicht.

Etwas unbekannter, weil abseits der Touristenpfade in
Zentralvietnam gelegen, ist das Höhlensystem von Phong
Nha Kẻ Bàng. Touristen gibt es hier zwar auch, aber fast
alle sind Vietnamesen. Zu erreichen ist die Höhle nur mit
dem Boot, was wiederum die Einheimischen freut, die als
Bootsfahrer Arbeit bekommen.

Im Inneren gleicht die überwältigend große Höhle allerdings ihren Geschwistern in anderen Teilen des Landes:
Sie ist beleuchtet – und zwar vielfarbig. Violette, blaue,
grüne und rote Scheinwerfer bestrahlen unterschiedliche
Teile der Decke und der prächtigen Stalaktiten- und Stalag-
mitengebilde. Man muss das mögen. Wer es irritierend findet, sollte sich in Vietnam keine Höhlen anschauen.

2009 entdeckten Forscher in Phong Nha Kẻ Bàng bislang
unentdeckte Höhlen, eine davon wird gerne gefeiert als die
größte der Welt. Bei Höhlen muss man allerdings ein-
schränken, dass die Kategorie »größte Höhle« sich in verschiedene Unterkategorien aufteilt: längste Höhle, größter
Höhlenraum, größtes Höhlensystem … Höhlen scheinen
sehr wettbewerbseifrig. Die vietnamesische Hang-Sơn-
Đoòng-Höhle hält also genau gesagt den Rekord als größte
Höhlenpassage: fünf Kilometer lang, stellenweise bis zu
200 Meter hoch. Man könnte Dutzende Hochhäuser vietnamesischer Großstädte dort drinnen aufstellen.

Phong Nha Kẻ Bàng gilt als älteste Karstlandschaft Asiens.
Gebildet hat sich das Gelände vor etwa 400 Millionen Jahren.
Aus dieser Perspektive gesehen sind violette Lichter nur ein
kurzer Blitz.

Badminton
Kreide auf der Straße

Badminton ist nicht Federball. Beim Federball geht es darum, den Ball gemeinsam möglichst lange in der Luft zu halten. Beim Badminton geht es darum, zu gewinnen. Daran kann auch niemand zweifeln, der Badminton-Spieler in vietnamesischen Straßen beobachtet.

Denn Badminton hat im Gegensatz zum Tennis einen sehr großen Vorteil: Es braucht weniger Platz, die Spielfläche ist deutlich kleiner. Eine Spielfläche passt zum Beispiel auf einen breiten Bürgersteig, wie ihn die Franzosen zur Kolonialzeit hinterlassen haben – wenn er nicht von Motorrollern, Suppenküchen oder Grünteetrinkern belegt ist. Beim Schlendern durch vietnamesische Städte lohnt ein genauer Blick auf den Boden (schon allein, um nicht zu stolpern): Dort finden sich manchmal seltsame geometrische Kreidemuster. Jeden Abend, wenn es etwas kühler wird, verwandeln sich diese Bürgersteige in Spielfelder.

Ein Netz ist schnell gespannt, notfalls ragt das Feld auch irgendwo auf die Straße hinaus oder über einen Baum hinweg oder mitten durch eine kleine Betonmauer. Das ist ebenfalls in Ordnung. Es geht zwar beim Badminton ums Gewinnen, vor allem aber geht es ums Spielen.

Die Kreidestriche auf dem Asphalt sind immer da, das Netz kann schnell auf- und abgespannt werden. Badminton wird als Gesellschaftssport bevorzugt im Doppel gespielt.

Golf
Folge dem Trend

Kein Klischee: Auch die Golf-Caddies tragen in Vietnam geflochtene Kegelhüte – um sich vor der Sonne zu schützen.

Der Hô-Chí-Minh-Pfad war im Krieg gegen die USA jenes mythische Labyrinth aus Urwaldpfaden, mit dessen Hilfe die Vietnamesen Nachschub, Munition und Versorgung an die Front brachten. Es war streng genommen kein Pfad, sondern ein komplettes Wegenetz. Ein Ort, an dem gekämpft, gelitten und gestorben wurde.

Heute existiert wieder ein Hô-Chí-Minh-Pfad. Namentlich leicht abgewandelt allerdings. Er heißt jetzt Hô-Chí-Minh-Golfpfad – ein Netz aus Golfplätzen, das sich durch das gesamte Land zieht. Gekämpft wird hier vermutlich auch, gestorben eher weniger. Dass es heutzutage in Vietnam möglich ist, sich zu Werbezwecken den Namen eines fast nationalheiligen Kriegsschauplatzes zu borgen, für einen Sport, der früher nur von Kolonialfranzosen, dem Königshaus oder im vergnügungssüchtigen Saigon der Vorkriegszeit gespielt wurde, ist zugleich bemerkenswert und etwas beschämend.

Mitten im Innenstadtverkehr tragen heutzutage Fahrer auf Motorrollern ihre Golftaschen. Am Hanoier Westsee schlagen die Städter in ruhiger Beharrlichkeit Golfbälle hinaus auf das Wasser. Golf ist zu einer der vielen Trendsportarten in Vietnam geworden. Jährlich kommen neue hinzu. Einige Zeit schien jede junge vietnamesische Frau fasziniert vom Bauchtanzen. Später erklärten die Zeitungen Poledance zum neuen Trend, nicht ohne zu erklären, dass es sich hierbei um einen respektablen Sport handele, der nichts mit Striptease zu tun habe.

Der Golftrend ist zweifelsohne auch ein Wohlstandszeichen. Für die klassischen vietnamesischen Vergnügungen Aerobic oder Fußball muss man sich nicht groß ausstaffieren. Eine Golfausrüstung dagegen ist teuer. Und im Urlaub mal eben den Hô-Chí-Minh-Golfpfad abzuklappern bedeutet außer den Kosten vor allem, dass man überhaupt frei zu verplanenden Urlaub haben muss. Den gab es früher nicht. Höchstens Heimaturlaub, für die Soldaten.

Halong-Bucht
Ganz in Weiß

Das Wetter ist nicht wichtig. Bei Sonnenschein ist die Bucht ein Traum aus blauem Wasser und endlosen Reihen von Felsen. Bei Nebel und Regen bietet die Bucht ein verwunschenes Bild aus Felsspitzen, die plötzlich aus dem Grau auftauchen. Die Halong-Bucht ist immer eine Reise wert. Die aus dem Wasser ragenden Gebilde aus Karstgestein geben dem Blick auf den Horizont Perspektive und verwandeln die Umgebung in eine Landschaft, die sich stundenlang bestaunen lässt.

Das ist allerdings gar nicht so einfach. Vietnamesische Touranbieter sind besessen davon, ihre Gäste möglichst ständig zu beschäftigen: Kaum ist eines der kleinen Schiffe bestiegen, soll man schon wieder herunter, um eine Höhle oder eine Insel zu besichtigen oder wird zum Essen gerufen. Schlaue Touristen ignorieren das alles, setzen sich aufs Bootsdeck und schauen einen Tag lang in die sich ständig verändernde Ferne.

Der Blick in die Nähe lohnt sich mittlerweile sowieso immer seltener, denn die Bucht, übrigens UNESCO-Welterbe, wird Opfer des eigenen Massentourismus. Ölschlieren, Müll und Dreckwasser verunstalten immer häufiger das Meer, und allzu viele Beteiligte scheinen das achselzuckend hinzunehmen. Der Sieg bei einer privat organisierten, internationalen Online-Wahl zu einem von sieben »Weltnaturwundern« löste landesweite Euphorie und Goldgräberstimmung aus und nur sehr wenige kritische Artikel zum Umgang mit dem Naturschauplatz.

Die Regierung griff dann im Jahr 2011 zu einer besonders seltsamen Maßnahme: Sie verordnete, dass alle Schiffe weiß gestrichen werden müssen. Wahlweise, so hört man, um die Bucht »sauberer aussehen« zu lassen oder um in Seenot geratene Schiffe schneller zu finden. Oder, so lautet die Erklärung unter der Hand, weil bestimmt irgend einem Politikersohn eine Firma für weiße Farbe gehört.

Fotografen erklären seitdem, sie achteten nun darauf, auf ihren Aufnahmen möglichst *keine* Dschunken und Boote mehr zu haben. Im Gegensatz zu den Felsen sehe das Weiß weder bei Sonne noch bei Nebel gut aus.

Jackfrucht
Saftig, erotisch, poetisch

Ich bin (wie) eine Jackfrucht am Baum.
Die Haut ist rauh, aber das Fleisch ist saftig.
Wenn du mich liebst, dann steck deinen Stock hinein.
Wenn du mich streichelst, verklebt der Saft deine Hände.

Dieses Gedicht beschreibt eine Jackfrucht. Es wird als Kindergedicht in Vietnam benutzt. Wenn Sie als Leser gerade rote Ohren bekommen, haben Sie also etwas falsch verstanden. Oder vielleicht auch nicht. Denn das Gedicht stammt von einer Dichterin aus dem 18. Jahrhundert namens Hồ Xuân Hương, die bekannt ist für ihre scharfzüngigen, doppeldeutigen, ironischen und ja, auch teils versteckt erotischen Gedichte.

Straßenhändler und Kundin. Die Jackfrucht ist zu groß, um sie komplett zu verkaufen, deswegen werden die Früchte in einzelne Stücke zurechtgeschnitten.

Eine für ihre Zeit ungewöhnliche Person, eine Feministin und politisch aufgeweckten Frau, die eine volkstümlich-klare aber gleichzeitig poetische Sprache nutzte. Das alles hat Hô zu Recht einen Platz unter den größten vietnamesischen Dichtern eingebracht.

Zur Erklärung sei gesagt, dass eine Jackfrucht in der Tat am besten reift, wenn man einen Holzstock hineinstößt. Eine Jackfrucht kann sehr groß und mehrere Kilogramm schwer werden. Verwendet wird sie sehr vielfältig, nicht nur als süße Frucht, sondern zum Beispiel auch getrocknet als Knabberei. Reisende verwechseln sie gerne mit der berühmt-berüchtigten Durian (siehe Seite 138), was aber schnell zu klären ist: Jackfrüchte stinken nicht. Eine harte, stachlige Haut, wie im Gedicht beschrieben, haben sie aber sehr wohl: Strenge Lehrer ließen früher ungehorsame Schüler auf Jackfruchtschalen knien.

Korruption
Keiner will es, und alle tun es

Eigentlich sind sich ja alle einig. Korruption ist schlecht für die Wirtschaft, sagt die Politik. Korruption ist schlecht für das Land, sagt die Bevölkerung. Korruption ist eines Mandarins unwürdig, sagten schon die Geschichtsschreiber vor mehreren Jahrhunderten. Man kann beim Thema Korruption abends sehr schnell Einigkeit an den Bier- und Esstischen erreichen.

Tagsüber jedoch, an den Bürotischen, sieht die Sache anders aus. »Ich habe sehr viel zu tun«, sagt der Arzt, »aber wenn Sie mir einen Schein zustecken, geht es vielleicht schneller.« Und der Beamte erklärt: »Nein, ich kann leider gar nichts für Sie machen. Ich verdiene so wenig, da habe ich dafür keine Zeit.« Der Straßenpolizist wiederum schüttelt bedauernd den Kopf: »Ich muss ihr Motorrad leider mitnehmen – wir können die Prozedur aber auch abkürzen.«

Die meisten Personen sagen all das nicht direkt. Sie denken es nur. Der Effekt ist aber derselbe: Mit einer kleinen Sonderzahlung geht alles schneller und einfacher. Die muss auch nicht sonderlich versteckt sein. Ach, und Korruption ist das nicht – Korruption ist das, was die anderen machen.

Der Schaden ist schwer zu beziffern. Man könnte die ganze kleinteilige Alltagskorruption damit abtun, dass Ärzte, Lehrer und Polizisten tatsächlich schlecht verdienen. Die Vietnamesen kennen deswegen auch zwei Begriffe für »Gehalt«. Das eine ist das offizielle Monatsgehalt, das andere ist das »echte« Monatsgehalt. Letzteres bedeutet nicht zwangsläufig Korruption, es kann auch Nebeneinkünfte, Zuschüsse und sonstige Zuwendungen mit einschließen.

Gerade solche Alltagsgesten sind es aber leider, die langfristig das Vertrauen in eine funktionierende Gesellschaft zerstören. Liegt Hoffnung darin, dass sich zumindest alle einig sind? Korruption ist schlecht. Es müsste mal jemand anfangen, etwas zu ändern. »Jemand«. Also sprich: die anderen.

Alter
Zu Hause

Thủy ist 92 Jahre alt. Sie hat alle Kriege des 20. Jahrhunderts in Vietnam miterlebt. Sie war keine einfache Mutter. Obwohl in Vietnam die konfuzianische Regel von den »drei Abhängigkeiten einer Frau« in aller Munde ist (eine Frau soll erst ihrem Vater gehorchen, dann ihrem Ehemann und nach dessen Tod ihrem Sohn), hatte für sie eine andere Regel Vorrang: Wer älter ist, hat recht.

Ihr Sohn, ein erfolgreicher Geschäftsmann, hat sich deswegen meist dem Willen seiner Mutter gefügt. Jetzt aber ist Thuy zu alt, um ihren Willen überhaupt noch zu äußern. Die gebückte, kleine Frau leidet an fortgeschrittener Demenz. Sie verbringt den ganzen Tag im Bett. Für alle alltäglichen Dinge, für das Essen, für das Waschen, braucht sie Pflege.

Thủy lebt nach wie vor zu Hause. Dort, wo sie immer gelebt hat. Es gibt mittlerweile auch Pflegeheime in Vietnam – aber allein der Gedanke daran lässt die meisten Vietnamesen schockiert zusammenzucken. Die Eltern in ein anderes Haus bringen? Nie im Leben. Das wäre unverzeihlich.

Deswegen bleibt Thủy zu Hause. Ihr Sohn und seine Frau kümmern sich um sie, aber beide sind berufstätig, und deswegen muss die Familie eine Haushaltshilfe beschäftigen, die sich vorrangig um die Großmutter kümmert. Vergangenen Sommer war Thủy krank, sie sollte einige Tage ins Krankenhaus. Da ihre Wunden dort schwer verheilten, wurden aus den Tagen Wochen und aus den Wochen Monate. Thủy lag vier Monate im Krankenhaus. Jeden Tag besuchte ihre Familie sie. Jede Nacht schlief jemand aus der Familie bei ihr im Zimmer, meist die Haushaltshilfe. Es war fast wie im Altersheim, aber es war gleichzeitig klar: Das hier ist kein Zustand von Dauer.

Nach vier Monaten kam Thủy wieder zurück nach Hause. Sie schläft seitdem wieder in ihrem Zimmer, das vollbehängt ist von Glückwünschen des ganzen Wohnviertels zu ihrem 90. Geburtstag. Sie ist nach wie vor dement, aber sie ist wieder gesund. Thủy ist zäh.

Eine alte Frau schleppt ihren Einkaufskorb mit Räucherstäbchen durch eine Gasse in Ho-Chi-Minh-Stadt. Alter bedeutet zwar Würde, aber wer keine Familie hat, findet im Alter auch keine Unterstützung.

Tod
Drei Tage Abschied

Vũ Thị Gái stirbt um elf Uhr abends. Der Wahrsager wird später erklären, dies sei eine sehr unglückbringende Stunde – um das Unglück zu mildern, muss die Familie einen Tag warten, bevor sie den Tod öffentlich erklären kann. Der Tod der alten Frau ist erwartet worden, schon am Morgen versammeln sich einige Verwandte in ihrem Haus. Am nächsten Morgen sind es bereits etwa 20 Verwandte.

Einen Tag später hat sich diese Zahl verdoppelt. Alle schlafen im Haus, in den Betten, auf den Matten, auf dem Boden. Die Tote liegt weiterhin in ihrem Schlafzimmer, bedeckt von Tüchern. In der Luft hängt der Qualm von Räucherwerk. Währenddessen wird das Wohnzimmer im Erdgeschoss komplett ausgeräumt, um den Sarg aufzustellen. Die großen Wandspiegel werden abgehängt, denn einen Sarg im Spiegel zu sehen, bringt Unglück. Am folgenden Tag, um fünf Uhr morgens, wird der Leichnam in den Sarg überführt. Es ist der Tag der öffentlichen Trauerbekundungen und der Totenwache.

Von sechs Uhr bis in den späten Nachmittag kommen weitere Verwandte, Freunde, Nachbarn zum Haus, entzünden Räucherstäbchen vor dem Sarg, laufen eine Ehrenrunde und kondolieren. Am Fuß des Sarges steht ein Altar, beladen mit Opfergaben für die Verstorbene. Die Familie sorgt vor dem Haus für Getränke und Essen. Davon kündet das große blaue Zelt, das sogar noch auf die Grundstücke der Nachbarn hinausragt.

Eine Dreiergruppe Musikanten spielt Klagelieder, ihre Instrumente schallen durch einen Verstärker ins gesamte Wohnviertel hinaus.

Kurz vor Abend dann die letzte Runde. Alle Verwandte laufen im Wohnzimmer um den Sarg und nehmen Abschied, die gemeinsame Trauer schlägt in leichte Hysterie und lautes Wehklagen um. Dann wird der Sarg in einen Lastwagen gewuchtet. Drei Busse und zahlreiche Autos folgen der Toten zum Krematorium, einem grauen, rechteckigen Gebäude an der Stadtgrenze von Hanoi. Dem letzten Abschied folgt ein allerletzter Abschied, aber es muss schnell gehen, zehn Minuten vielleicht, denn draußen wartet schon die nächste große Gruppe mit ihrem Sarg.

Am Abend wird das Wohnzimmer abermals umgeräumt. Zwei Mönche beten vor einem Altar voller Opfergaben aus Papier, schlagen Gongs und Holzinstrumente, um der Seele ihren Weg zu erleichtern. Nur noch zwei Dutzend Verwandte machen diesen letzten Schritt mit. Die nächsten drei Tage wird die Familie damit verbringen, das Haus zu säubern, das unter dem Ansturm der Gäste erheblich gelitten hat. In den folgenden 100 Tagen wird es eine Vielzahl weiterer, exakt festgelegter Trauertage geben, meist einmal wöchentlich, um die heimkommende Seele zu begrüßen. Erst dann ist langsam Ruhe, für die Lebenden und die Toten.

Links: Ein Trauergast steht vor dem Altar der Toten, der sich am Fußende des Sarges im Wohnzimmer befindet. Fotograf und Kameramann halten alles fest. Ob sich wirklich später jemand den Film anschaut, ist allerdings fraglich. Rechts: Die weißen Stirnbänder stehen für die Trauer um Angehörige. Am Tor hängt die Todesanzeige mit den Worten Tin buôn – »traurige Nachricht«.

Wandel
Die Zukunft wird gut

Es ist leicht, sich blenden zu lassen. Von den vielen jungen Menschen, die ständig auf ihre Mobiltelefone starren oder das neueste iPad mit sich herumtragen. Von Dorfbewohnern mit modernen japanischen Motorrollern und luxuriösen Kühlschränken. Von Gesprächspartnern, die über den neuesten James-Bond-Film fachsimpeln oder das jüngste Tor von Lionel Messi. Vietnam ist etwas ärmer, sagen alle diese Bilder, aber auf einem ähnlichen Enwicklungsstand.

Dahinter verschwindet schnell die Tatsache, dass die gebildeten, jungen Mittdreißiger, die da hinter ihren Laptops sitzen, als Kinder keine Seife kannten. Haare wurden mit Blättermischungen gewaschen. Wer in den 1980er-Jahren schon lebte, der hat schreckliche Hungerjahre durchlitten. Das Telefon kam erst Ende der 1990er-Jahre ins Land. Die ältere Frau an der Supermarktkasse mag mit Plastiktüten erschreckend verschwenderisch umgehen, aber zu Hause füllt sie ihre halbleere Spülmittelflasche mit Wasser auf. Alte Gewohnheit aus armen Zeiten. Man stelle sich vor, die europäische Nachkriegsgeneration wäre innerhalb kurzer Zeit in das Jahr 2000 gestolpert.

Der Sprung vom Gestern ins Heute war für Vietnam atemberaubend rasant. Vielleicht erklärt das, warum viele Vietnamesen von einer unglaublichen Zukunftsgläubigkeit beseelt sind. Es wird alles gut, ist immer wieder zu hören. Der Verkehr, die Wirtschaft, die Korruption, die Umwelt. Bald wird jemand etwas erfinden, das diese Probleme beseitigt. Ganz sicher. Wir müssen nur ein wenig warten, dann sieht es hier bald aus wie in Singapur.

Man muss diese Sicht nicht teilen. Man darf sie für naiv halten oder für fahrlässig. Sie ist aber sehr verständlich für Menschen, deren Straßen vor 20 Jahren noch voller Fahrräder waren, wo heute der Porsche röhrt.

Website: www.kansaipaint.com.vn
Headquarter website: www.kansai.co.jp

ALPHANAM DELTA GAM

Eine Bäuerin steht mit ihrem Wasserbüffel unter einem gigantischen Autobahn-Werbeschild, das für einen Farbhersteller wirbt. Vietnam lebt in einem Spannungsfeld von bäuerlichem Leben und Moderne.

Bei den Länderdokumentationen »151« sind unter anderem bereits folgende Ausgaben erschienen:

»Eine traumhafte und wundervolle Entführung nach Down Under.« (Dr. Hans-Ullrich Henschel OAM, German RFDS Support Group flydoc australia e.v.)

Markus Lesweng
Australien 151
ISBN 978-3-943176-67-4

»Verständlich und informativ werden unterschiedliche Bereiche Japans behandelt und einzelne Wörter erklärt. Japan 151 ist eine Bereicherung für jeden, der sich für Japan und alles, was dazugehört, interessiert.« (Kathrin Nüsse, Japan-Magazin)

Fritz Schumann
Japan 151
ISBN 978-3-943176-27-8

»Lassen Sie sich in Erstaunen versetzen, das Buch entführt Sie auf eine ungewöhnliche Entdeckungsreise.« (Stephanie Ebert, MING Magazin)

Francoise Hauser & Volker Häring
China 151
ISBN 978-3-943176-68-1

»Elena Beis gelingt die Mammutaufgabe, Südafrika aus verschiedenen Perspektiven heraus zu beleuchten und vorzustellen. Wer das Buch nicht liest, der verpasst was.« (Ghassan Abid, SÜDAFRIKA – Land der Kontraste)

Elena Beis
Südafrika 151
ISBN 978-3-943176-18-6

»Aus aktuellen Meldungen, Hintergrundinformationen und eigenen Erlebnissen formt die Autorin ein Bild von Indien, wie es treffender nicht sein könnte. Für Liebhaber Indiens und diejenigen, die das noch werden wollen.« (Traudl Kupfer, Indien Aktuell)

Andrea Glaubacker
Indien 151
ISBN 978-3-943176-02-5

»Ein schön geschriebenes und gut fotografiertes Buch. Eine kurzweilige Möglichkeit, schon vorhandenes Thailand-Wissen großflächig zu ergänzen.« (Gerhard Loock, Der Trotter)

Thilo Thielke
Thailand 151
ISBN 978-3-943176-43-8

CONBOOK
www.conbook-verlag.de

Reinschauen unter
www.1-5-1.de